MATTI FRIEDMAN

WER DURCH FEUER

Krieg am Jom Kippur und die Wiedergeburt
LEONARD COHENS

A glimpse into the soul
of one of the worlds
greatest songwriters...

Good luck Heike
and keep in touch!
Ido
13.12.2023

MATTI FRIEDMAN

WER DURCH FEUER

Krieg am Jom Kippur und die Wiedergeburt
LEONARD COHENS

Aus dem Englischen übersetzt von
Malte Gerken

HENTRICH & HENTRICH

Deutsche Erstausgabe
Titel der Originalausgabe: *Who By Fire. A War, a Concert Tour, and the Resurrection of Leonard Cohen*, Spiegel & Grau, 2022

Die Arbeit des Übersetzers am vorliegenden Text wurde vom Deutschen Übersetzerfonds gefördert im Rahmen des Programms „NEUSTART KULTUR" der Beauftragten der Bundesregierung für Kultur und Medien.

Die Beauftragte der Bundesregierung
für Kultur und Medien

Die Deutsche Nationalbibliothek verzeichnet diese Publikation in der Deutschen Nationalbibliografie; detaillierte Daten sind im Internet über https://portal.dnb.de/ abrufbar.

Hentrich & Hentrich Verlag Berlin Leipzig
Inh. Dr. Nora Pester
Capa-Haus
Jahnallee 61
04177 Leipzig
info@hentrichhentrich.de
http://www.hentrichhentrich.de

Lektorat: Philipp Hartmann
Gestaltung: Gudrun Hommers, Berlin

1. Auflage 2023
ISBN 978-3-95565-612-6

INHALT

Willkommen zu diesen Zeilen
Draußen herrscht Krieg
Aber ich werde versuchen,
es ihnen angenehm zu machen
L. Cohen

ISRAEL AND SINAI,
OCTOBER, 1973

LEBANON

SYRIA

GOLAN HEIGHTS

Haifa

Ramat David Air Base

Mediterranean Sea

Tel Aviv

WEST
BANK

Jerusalem

Hatzor Air Base

GAZA STRIP

Be'er Sheva

ISRAEL

Port Said

Suez Canal

The Yard

Yukon

Faïd Air Base

EGYPT

JORDAN

Eilat

SINAI PENINSULA

Gulf of Suez

Gulf of Aqaba

SAUDI
ARABIA

Dahab

Radar Station 528
Naval Base
(Bathsheba)

Sharm El-Sheikh

Red Sea

N

EINFÜHRUNG

Einige der Männer, die auf dem sandigen Boden sitzen, schauen zu dem Besucher mit seiner Gitarre auf. Andere blicken auf ihre schmutzigen Knie und Stiefel hinunter. Zigaretten leuchten in der Dunkelheit. Die Hitze hat nachgelassen, die Wüste ist still geworden. Sie kämpfen seit vierzehn Tagen, und niemand weiß, wie viele Tage es noch dauern wird, oder wie viele von ihnen übrig sein werden, wenn es vorbei ist. Hier gibt es keine Generäle und keine Helden. Nur eine kleine Einheit, die noch dazu immer kleiner wird. In den Einöden um sie herum sind Tausende von Ägyptern und Israelis tot.

Der Besucher, der in Khaki gekleidet ist, ist Leonard Cohen. Für jemanden, der im Jom-Kippur-Krieg im Oktober 1973 am äußersten Rand der Sinai-Front steht, ergibt das wenig Sinn. Es ist noch nicht lange her, dass Cohen auf dem Isle-of-Wight-Festival, das größer war als Woodstock, vor einer halben Million Menschen spielte. Hier sind es ein paar Dutzend. Keiner der Soldaten weiß, wie Leonard Cohen zu ihnen gekommen ist oder warum er hier ist.

Cohen ist neununddreißig Jahre alt. Er ist tief gesunken und denkt, dass er am Ende ist. In der Presse sind bereits Meldungen über seinen Rücktritt erschienen. „Ich habe einfach das Gefühl, dass ich die Klappe halten will. Einfach die Klappe halten", sagt er in einem Interview. Vielleicht ist er in dieses Land und in diesen Krieg gekommen, weil er einen verzweifelten Ausweg aus seiner Sackgasse sucht, einen Weg, alles zu überwinden und wieder zu singen. Wenn es das ist, wonach er gesucht hat, scheint er es gefunden zu haben. Fünf Jahrzehnte später kann man auf Spotify und in der Synagoge immer noch das Echo dieser Reise vernehmen. Jeder, der diese Zeilen liest, erinnert sich an den älteren Herrn, der in ausverkauften Konzertsälen auf der ganzen Welt unter einem Filzhut hervorgrinst, und weiß, dass 1973 seine größten Auftritte noch bevorstehen. Aber in diesem Augenblick ist das weder ihm noch sonst jemandem klar.

Cohen spricht zu den Soldaten in feierlichem Englisch. Ein Reporter, der dabei ist, beschreibt die Szene in einer Meldung für ein hebräisches Musikmagazin. Dem vergilbten Zeitungspapier kann man entnehmen, dass der Reporter ein Zyniker ist. Er verspottet den Star als „den großen Pazifisten", der aus dem Ausland kommt, als besseren Touristen. Und doch hat man als Leser den Eindruck, dass der Reporter gegen seinen Willen gerührt ist.

Als die Soldaten den Refrain von „So Long, Marianne" anstimmen, sind ihre Stimmen der einzige Klang in der Wüste. Cohen leitet die nächste Nummer ein. „Dieses Lied sollte man zu Hause hören, in einem warmen Zimmer, mit einem Drink und einer Frau, die man liebt", sagt er. „Ich hoffe, dass ihr alle bald in dieser Situation seid." Er spielt „Suzanne". Die Männer sind still. Sie hören von einem Ort, an dem es keine rußgeschwärzten Panzer und keine still daliegenden Gestalten in verkohlten Overalls gibt. Sie hören von einer Stadt am Fluss, einem perfekten Körper, Tee und Orangen, die aus China kommen. „Sie hören seine Musik", schreibt der Reporter, „aber wer weiß, wohin ihre Gedanken wandern."

Manchmal erzeugen ein Künstler und ein Ereignis gemeinsam einen Funken, der größer ist als beide: Kunst, die nicht nur auf das verweist, was sie inspiriert hat, sondern eine Demonstration menschlicher Kreativität im Angesicht unmenschlicher Geschehnisse ist. Man muss den verworrenen Verlauf des spanischen Bürgerkriegs nicht kennen, um Picassos „Guernica" zu begreifen. Man kann Beethovens 5. Symphonie bewundern, die inmitten der Napoleonischen Kriege komponiert wurde, ohne die in einem der Sätze versteckten Takte eines französischen Revolutionsliedes zu erkennen. Man kann die Schönheit einer Glasscherbe bewundern, ohne zu wissen, wie das Fenster aussah, bevor es zerbrochen wurde, oder wie der Moment des Zerbrechens sich zutrug. Aber mir scheint, wenn wir es wissen, wird unser Verständnis bereichert – wir begreifen nicht bloß ein bedeutsames Ereignis oder die Persönlichkeit eines Künstlers, sondern auch das Wesen der Inspiration und die übernatürliche Fähigkeit der Kunst, Jahre und Orte zu durchfliegen, sich in weit entfernten Gemütern festzusetzen und uns die Möglichkeit zu geben, über uns selbst hinauszuwachsen.

In diesem Fall handelte es sich um eine Konzerttournee, vielleicht eine der großartigsten, sicher aber eine der seltsamsten. Die Tournee hätte eine gefeierte Dokumentation oder ein Live-Album hervorbringen können – aber niemand dachte daran, sie zu filmen, und es gibt kaum Mitschnitte. Sie fand mitten in einem israelischen Krieg statt, ist aber in den Militärarchiven des Landes nicht dokumentiert. Der Bericht, den Sie gerade gelesen haben, ist die einzige Beschreibung eines der Konzerte, die damals in gedruckter Form erschienen ist, und selbst diese Zeitschrift, eine lokale Version des *Rolling Stone*, gibt es schon seit Jahren nicht mehr. Die Tournee lebt als Untergrundgeschichte weiter – in mündlichen Erzählungen, in Fotos, die von Soldaten geknipst wurden, in Notizbüchern, die in einem Büro am Wilshire Boulevard in Los Angeles abgelegt wurden, in einer Kiste mit Papieren in Hamilton, Ontario, und zwischen den Zeilen einiger großer Songs. Um die Geschehnisse zu rekonstruieren, mussten diese Fetzen über viele Jahre hinweg zusammengetragen werden.

Obwohl noch kein detaillierter Bericht erschienen ist und dieser kulturelle Moment selbst Cohens Fans, wenn überhaupt, nur als Fußnote bekannt ist, nimmt seine Bedeutung auf merkwürdige Weise immer weiter zu. Hier in Israel zum Beispiel erscheinen jedes Jahr vor dem Jahrestag des Krieges mehr und mehr Artikel in der Presse, als ob die Geschichte jedes Jahr neu erzählt werden müsste. Einige der Beschreibungen wiederholen sich oder sind ungenau. Aber alle sind ein authentischer Ausdruck der Tatsache, dass die Erinnerung an jenen schrecklichen Monat, den Oktober 1973, mit dem seltsamen Auftauchen von Leonard Cohen verbunden ist.

So wie Cohens Tournee nun Teil des Jom-Kippur-Krieges ist, so ist der Krieg selbst untrennbar mit jenem Datum des jüdischen Kalenders verbunden. Die Kämpfe begannen mit einem Überraschungsangriff Syriens und Ägyptens um 14 Uhr am Versöhnungstag, dem Tag, an dem die jüdische Tradition zur Selbstbesinnung auffordert und uns sagt, dass unser Schicksal für das kommende Jahr entschieden wird – wer sterben wird, und wie. Die Symbolik ist hier so plump, dass sie um eine Entschuldigung zu bitten scheint.

Der Zeitpunkt des Krieges hat dazu geführt, dass das Geschehen in einem gleichermaßen schrecklichen wie erhabenen Licht erscheint. Tatsächlich wird der Krieg manchmal als „Sühnekrieg" bezeichnet, als wäre er selbst eine Buße für den Stolz und die Blindheit, die ihm vorausgingen, für das Versagen der Führung, das die israelischen Soldaten am 6. Oktober 1973 ungeschützt ließ, als die syrische Armee durch die Basaltfelsen der Golanhöhen und die Ägypter über die Sanddämme des Suezkanals angriffen. Israels Urteilsvermögen war durch den Sieg im Sechstagekrieg sechs Jahre zuvor getrübt worden, und das Land hatte es sich erlaubt, in Arroganz und Selbstgefälligkeit zu versinken. Die Grenzen wurden von einer Handvoll Infanteristen und Panzerbesatzungen verteidigt, die ein böses Schicksal erwartete.

Einige Tage lang schien die Lage auf dem Golanplateau aussichtslos: Es gab beinahe keine israelischen Truppen mehr, die zwischen den Syrern und Galiläa, dem israelischen Kernland, standen. An der Südfront, die hier im Mittelpunkt des Interesses steht, eroberten die Ägypter die israelischen Vorposten entlang des Suezkanals, drangen in den Sinai ein und zerschmetterten die verzweifelten Gegenangriffe der Verteidiger. Israels Luftwaffe, die den Krieg eigentlich hätte für sich entscheiden sollen, wurde stattdessen durch neue sowjetische Raketen lahmgelegt, und innerhalb weniger Tage hörte man den Verteidigungsminister, den einäugigen Kriegshelden Moshe Dayan, verzweifelt verkünden, dass der „Dritte Tempel in Gefahr ist", womit Israel selbst gemeint war. Nur unter außerordentlichen Anstrengungen und um den Preis von 2700 Toten gelang es den Soldaten im Feld, das Blatt zu wenden und am Ende des Monats einen Sieg zu erringen, der sich nichtsdestotrotz wie eine Niederlage anfühlte.

Als die Kämpfe zu Ende gingen, war das Ansehen der israelischen Generäle und politischen Führer, der Ikonen der Gründergeneration, erschüttert. Das Land war weniger selbstbewusst, weniger geeint und mehr mit sich selbst beschäftigt; nach dem Krieg war es in vielerlei Hinsicht ein anderes Land. Die Fehler wurden in Hunderten von Memoiren und kritischen Geschichtsbüchern aufgearbeitet, die nach Kriegsende veröffentlicht wurden. Als ich 25 Jahre später in einer israelischen Infanterieeinheit diente, bestand unsere Ausbildung aus imaginären Schlachten gegen feindliche Panzerkolonnen, die durch die Wüste eindrangen – ein Szenario, das wenig mit der tatsächlichen Kriegsführung der späten 1990er Jahre zu tun hatte. Es war deutlich zu erkennen, dass die Armee in ihren Köpfen noch immer den Jom-Kippur-Krieg focht.

Für die Menschen in Israel sind der uralte Fastentag und der dunkle Jahrestag des Krieges so eng miteinander verwoben, dass man sie nicht mehr voneinander trennen kann. Und so wurde der Dichter Leonard Cohen – den viele mit Zigaretten und Sex und stiller menschlicher Verzweiflung verbanden, der die jüdische Gemeinde, die ihn großgezogen hatte, als Gefäß für leere Rituale abgetan hatte, der Gewalt verachtete und wenig von Nationalstaaten hielt – nicht nur Teil dieses israelischen Krieges, sondern auch des feierlichsten Tages im jüdischen Kalender.

Wie es dazu kam, wurde nie geklärt: das Zusammentreffen von jungen Soldaten in einem Moment höchster Gefahr mit einer der großen Stimmen ihrer Zeit. Das ist das Thema dieses Buches.

Einer der seltsamsten Aspekte dieser Episode ist, dass Cohen sie danach fast nie erwähnt hat. Diese Tatsache erschien mir immer seltsamer, je mehr ich darüber erfuhr, wie tief er in den Krieg hineingezogen worden war und wie bedeutsam diese Erfahrung für die Menschen war, die Cohen dort erlebten. Es gibt ein paar Kommentare gegenüber dem Musikmagazin *Zig-Zag* in London ein paar Monate später, als er ausdrücklich gefragt wurde, viel mehr aber nicht. Das Gleiche scheint auch im Privaten der Fall gewesen zu sein: Menschen, die Cohen nahe standen, können sich nicht daran erinnern, jemals Einzelheiten gehört zu haben. Cohen ging es nicht um die Geschichte, sondern um die Seele. Vielleicht hatte er das Gefühl, dass eine Verbindung zu realen Ereignissen sein Werk auf bloße Berichterstattung reduzieren würde. „Für mich ist die Poesie das Zeugnis eines Lebens, nicht das Leben selbst. Sie ist die Asche von etwas, das gründlich verbrannt ist", sagte Cohen einmal. „Manchmal verwirrt man sich selbst und versucht, Asche statt Feuer zu erzeugen." In diesem Fall war der Krieg nur das Feuer. Es war nicht seine Sache, zu erklären, wie viele Holzscheite hineingelegt wurden und wie heiß es brannte, oder wie nah er den Flammen war. Es entstand schöne Asche, und das ist genug.

Es stellt sich jedoch heraus, dass Cohen einen Bericht über diese Wochen hinterlassen hat. Er ist, wie zu erwarten, bemerkenswert, aber er wurde nie veröffentlicht. Es handelt sich um ein Manuskript von fünfundvierzig Schreibmaschinenseiten, das in einer Kiste in der Bibliothek der McMaster University in Hamilton, außerhalb von Toronto, liegt, im Archiv von McClelland & Stewart, dem ehrwürdigen kanadischen Verlagshaus, in dem Cohens Werke erschienen. Die Seiten sind kein fertiges Werk. Sie waren das Larvenstadium eines Projekts, das er „My Life in Art" nannte und das sich zu einem Gedichtband mit dem Titel „Death of a Lady's Man" entwickelte, der fünf Jahre nach dem Krieg veröffentlicht wurde. Einige Fragmente des ursprünglichen Manuskripts tauchten dort als Gedichte auf, der Rest geriet in Vergessenheit.

Teile dieses Dokuments scheinen der Entwurf eines belletristischen Werks zu sein, das in dem gefühlsbetonten Stil der frühen Romane wie „The Favorite Game" geschrieben wurde, die Cohen verfasste, bevor er sich der Musik zuwandte. Das Manuskript ist in der Ich-Form gehalten.

Obwohl das Material so roh ist, dass die wahren Ereignisse und Charaktere kaum oder gar nicht verschlüsselt sind, sollten wir dieses „Ich" nicht unbedingt mit dem wirklichen Leonard Cohen verwechseln. Andere Abschnitte des Manuskripts bestehen aus kurzen Zusammenfassungen von Ereignissen in Punktform, Skizzen von Episoden. Vielleicht wollte er sie später ausbauen, er tat es jedoch nie. Es scheint sich dabei um genaue Beschreibungen zu handeln, ähnlich wie Tagebucheinträge.

Nun galt es, die Fakten in diesem Manuskript zu ordnen. Hier kam die zweite Fundgrube von Cohen-Material ins Spiel, die ich für dieses Buch verwendet habe – die Notizhefte, die er während des Krieges mit sich führte und zu denen mir der Cohen-Nachlass in Los Angeles Zugang gewährt hat. Im Vergleich zu den Hunderten von Notizbüchern, die Cohen im Laufe seines Lebens führte, sind die aus der Zeit des Krieges eher spärlich, was darauf hindeutet, dass der Dichter durch die Ereignisse abgelenkt, vielleicht sogar gestört wurde, und sein introspektiver Gedankenstrom unterbrochen war. Die Notizbücher legen nahe, dass die Ereignisse, auch wenn der Erzähler des Manuskripts eine fiktionalisierte Version Cohens ist, größtenteils auf Tatsachen beruhen. So könnte man zum Beispiel vermuten, dass die Figuren, die eindeutig eine literarische Funktion erfüllen, erfunden sind – doch in den Notizbüchern finden sich ihre Telefonnummern und Adressen.

Das macht es möglich, das literarische Manuskript mit aller gebotenen Vorsicht als Cohens unmittelbaren Versuch zu betrachten, das Gesehene in Worte zu fassen. In dem Dokument erklingt eine Version von Cohens Stimme, die sich sehr von der geschliffenen und ausweichenden unterscheidet, die er in Interviews verwendete. Mit dieser Quelle und der seltenen Erlaubnis der Nachlassverwalter, sie zum ersten Mal zu veröffentlichen, habe ich das Glück, an mehreren Stellen in diesem Buch einfach das Mikrofon umzudrehen und Cohen die Geschichte selbst erzählen zu lassen.

Eine große Rocktournee folgt oft den bekannten Mustern: Bewunderung, Dekadenz, Chaos, Zusammenbruch, musikalische Erlösung. Diese Tournee war nicht so. Sie war anders als jede andere. Die Verbindung zwischen dem Musiker und der Landschaft zum Beispiel war einzigartig: Cohen, der in einer Synagoge in Montreal aufwuchs und von der Sprache der hebräischen Bibel geprägt wurde, der Enkel eines gelehrten Rabbiners, spielte in der wüsten Gegend um den Berg Sinai. Die Namen, die mit diesem Krieg verbunden waren, könnten seinen

Gedichten entnommen sein: „Israel", „Ägypten" oder „Babylon", Letzteres ein Geheimdienststützpunkt unter einem Berg. In dieser Geschichte gibt es einen Soldaten namens Isaak und einen Leutnant, der nach dem Kriegerkönig David benannt ist. Es gibt sogar eine Bathseba, die Frau, die David beim Baden auf ihrem Dach sah, deren „Schönheit im Mondschein" ihn überwältigte und die der König so sehr begehrte, dass er ihren Mann in den Krieg schickte. (Hier ist „Bathseba" keine Frau, sondern ein Marineschiff, das für einen selbstmörderischen Angriff vorgesehen ist.) Eine Parallele in der Rockmusik wären Bruce Springsteen, der die Stücke seines Albums „Greetings from Asbury Park, N. J." in Asbury Park, New Jersey, spielt, oder die Beatles, die ein Gratiskonzert in Strawberry Fields geben.

Cohen stammte nicht von hier. Aber er nannte Israel seine „mythische Heimat", und hier zu sein, schien fieberhafte Überlegungen darüber auszulösen, wer er war und was er anderen schuldete – der Frau, die mit seinem Kind auf einer griechischen Insel auf ihn wartete, seiner Familie, den Juden. Es ist nicht ganz klar, was er mit der „mythischen Heimat" meinte. Vielleicht wusste er es selbst nicht genau. Aber es ist klar, dass es sich hier nicht bloß um einen Auftritt unter vielen handelte.

Mehr als alles andere war es das Publikum, das diese Tournee so außergewöhnlich machte. Ein Sänger, dessen Themen die menschliche Unvollkommenheit, die Vergänglichkeit und die kurzen Freuden sind, die einem die Nacht versüßen können, spielte vor Menschen, für die das keine in der Luft schwebenden Abstraktionen waren. Sie wussten, dass der Tod auf sie wartete, wenn das Konzert zu Ende war. Er spielte für sie in dem Wissen, dass es das Letzte sein könnte, was sie hören. Ein typischer Bericht über eine Konzerttournee konzentriert sich auf den Künstler, das Publikum erscheint höchstens als ein Meer von verschwommenen Gesichtern oder als das gedämpfte Tosen des Applauses. Hier muss es anders sein. Ich habe mehrere Jahre damit verbracht, nach Menschen zu suchen, die Cohen in diesen Wochen begegnet sind, um zu verstehen, was mit ihnen vor und nach der Show passiert ist. Weitere Informationen über die Personen, die Chronologie und meine Quellen befinden sich in den Anmerkungen am Ende des Buches.

Bei den Konzerten ging es einzig und allein darum, Kunst zu übermitteln. Kein Geld wechselte den Besitzer. Niemand verkaufte Eintrittskarten oder Schallplatten. Viele der Soldaten konnten kein Englisch, und Cohen konnte kein Hebräisch. Aber T. S. Eliot hat recht, dass Poesie,

wenn sie gut ist, „kommunizieren kann, bevor sie verstanden wird".
Auf den Fotos wirkt der Sänger entrückt und das Publikum aufmerksam. Das ist nicht Woodstock. Es ist kein Ausgehabend. Alle sind nüch-
tern. Es steht viel auf dem Spiel. Etwas Bedeutendes geschieht.

1.

RADARSTATION 528, SHARM EL-SHEIKH

Die nächtlichen Bewegungen der Luftwaffe an der südlichen Spitze der Sinai-Halbinsel, Spätsommer 1973: Helle Haut blitzt im dunklen Wasser auf. Haare kleben an einem weichen Rücken. Wellen umschmiegen die Klippe. BHs und Uniformen liegen zerknittert im Sand.

Wüstenberge ragen aus dem Landesinneren empor und schweben wie eingefrorene Sturzwellen über der Küste, das Rote Meer erstreckt sich südwärts bis zum Jemen, und zwei Armeen stehen sich am Suezkanal gegenüber. Doch in der Nacht ist davon nichts zu sehen. Zu sehen sind nur eine Handvoll Soldaten in einer Felsnische. Und da sie in dieser Erinnerung nackt sind, sehen sie nicht mal wie Soldaten aus, eher wie Teenager. Ihre Radarstation, längst dem Untergang geweiht, ist außer Sichtweite.

In der Erinnerung der Menschen, die hier dienten, wird Sharm el-Sheikh von Sternenstaub berieselt. Sie erinnern sich an die Zeit vor dem Krieg mit demselben fernen Blick und einem kleinen Lächeln. Ruti, Pnina und Orly sind heute alle Großmütter, doch auf den Fotos sind sie neunzehn und strahlen. Noch scheint alles in Ordnung.

Die Fotos sind in den siebziger Jahren mit einer Kodachrome aufgenommen worden. Sie zeigen Strände und gleißendes Sonnenlicht, Kinder in Schlaghosen. Manchmal tragen sie khakifarbene Hosen, manchmal khakifarbene Miniröcke, in Anspielung auf das Militär, das sie hierhergeschickt hat, doch das scheint nebensächlich zu sein. Es gab eine Hütte zwischen der Landebahn und dem Wasser, wo die Jungs für den Zackenbarsch berüchtigt waren, den sie im Golf gefangen hatten und den sie für dich grillten, vor allem, wenn du ein Mädchen warst. Die offizielle Bezeichnung der Hütte war „Empfang", doch man wusste nie genau, was einen dort empfangen würde. Auf den Fotos spielen sie alle Gitarre, tragen Fliegerbrillen oder posieren an einer Stelle auf der Landebahn, wo der abendliche Wüstenwind besser war als jeder Föhn. Es wirkt wie eine Mischung aus „Drei Engel für Charlie" und „M*A*S*H", gedreht in der Landschaft des Buches Exodus.

Die Stimmung war nicht nur von der Zuversicht geprägt, die von dem Sieg sechs Jahre zuvor übrig geblieben war, als Sharm el-Sheikh und der restliche Sinai unter israelische Kontrolle gerieten, sondern auch von der Jugend, dem Optimismus und der Zusammengehörigkeit der sechziger Jahre. Über die USA war bereits die Watergate-Affäre hereingebrochen. Vier Jahre war es her, dass das Blutvergießen beim Altamont Free Concert das symbolische Ende der Hippie-Bewegung markierte. Der Sommer der Liebe war nurmehr Erinnerung. Aber damals dauerte es noch eine ganze Weile, bis das alles Israel erreichte, denn hier dauerten die Sechziger bis in Jahr 1973, bis zum 6. Oktober.

Ruti leitete die Telefonzentrale auf dem Flugplatz. Auf ihren Fotos ist sie umgeben von Freunden und Verehrern; sie posiert in Uniform und Davidstern-Kette, oder lässig im Bikini auf einem Felsen liegend. Auf manchen ihrer Fotos ist ein Soldat namens Doron zu sehen. Doron war launisch und hatte, wenig militärisch, lange schwarze Haare, die sein Gesicht in Schatten hüllten. Er schrieb düstere Teenager-Gedichte über ein Mädchen, das er umschwärmte, dessen Namen er aber geheim hielt. Doron wuchs in ärmlichen Verhältnissen in Haifa auf, nachdem seine Eltern dem Land entkamen, das sie „Holocaust" nannten. (Woher kommen deine Eltern? Aus dem Holocaust.) Diese Kinder hatten damit nicht viel zu tun. Sie waren die erste Generation einheimischer „Israelis" – nicht geflohen, keine Minderheit, nicht religiös, nicht wirklich Juden, vielmehr aus Sonnenlicht und Salzwasser erstandene Wesen.

Doron war attraktiv, und Ruti wollte ihn besser kennenlernen. Doch anfangs sprach er nur gereizt mit ihr und hielt sie auf Abstand. Doron beteiligte sich nicht an den Partys der anderen. Stattdessen saß er oft auf einer Leiter nahe der Landebahn, um die Propellermaschinen zu beobachten, die israelische Soldaten quer durch die Wüste bis zu diesem abseitigen Außenposten flogen und deren Passagiere die Klimaanlage gegen die drückende Hitze des Asphalts eintauschten. Einmal war Ruti ihm zu langsam, als sie ihn in der Telefonzentrale durchstellte, sodass er die Beherrschung verlor und sie anschrie. Doch ein paar

Monate im Paradies mäßigten ihn und sie wurden Freunde. Auf diesem Foto hält Ruti eine Gitarre und Doron sitzt neben ihr, oberkörperfrei.

Pnina und Orly hielten die Bildschirme der Radarstation im Auge, die sich oberhalb des Flugplatzes auf einem Berg befand, der sich wie eine lange Klinge aus dem Wüstenboden emporhob. Die Radare überwachten den ägyptischen Luftraum, und auf den Bildschirmen erschienen feindliche Flugzeuge als gelbe Punkte. Pnina war die Ältere auf der Station, Orly, die Künstlerin, etwas jünger. (Die Männer und Frauen am Radar waren um die zwanzig Jahre alt, doch selbst Jahrzehnte später sprachen sie von sich selbst als „Jungs" und „Mädchen", und da diese Bezeichnung der Realität deutlich näher kommt, werde ich ihre Sprache hier beibehalten.) Die Ägypter waren sechs Jahre zuvor so nachhaltig geschlagen worden, die Demütigung ihrer Luftstreitkräfte so gnadenlos, dass die gelben Punkte sich nur in sicherer Entfernung zum israelischen Luftraum bewegten. Keiner der Mitarbeiter der Radarstation hatte je ein feindliches Flugzeug mit eigenen Augen gesehen.

Unter den Bildschirmen waren Plexiglas-Tische angebracht, auf denen die Koordinaten feindlicher Flugzeuge mit Filzstift notiert werden konnten. Orly war manchmal so gelangweilt, dass sie die Tische mit hebräischen Gedichten verzierte. Ihr gefiel insbesondere das Werk von Rahel, einer Dichterin aus der Einwanderergeneration der zwanziger Jahre, die am See Genezareth gelebt hatte und deren Bewusstsein durch eine tödliche Tuberkulose-Erkrankung geschärft war. „Ich werde meinen Korb mit Erinnerungen an den See Genezareth füllen", schrieb sie im Gedicht „Geschenk". „Das Rosa des Morgenhimmels zwischen den Bäumen / Der goldene Nachmittag in friedlicher Lichtung / Der abendliche Jasmin auf den Golanhöhen." Rahel war traurig, aber nie zynisch. Sie hatte keinen Mann und keine Kinder, sie war jung und lag im Sterben, doch sie hatte die Schönheit des Landes und die Freude des Lebens in ihm erfasst. Orly kann diese Zeilen auch Jahrzehnte später noch aufsagen. Zwischen den Schichten rauchten die Soldaten der Radarstation in Sandsackbunkern mit Blick auf das Rote Meer. Sie hatten einen Plattenspieler und ein paar Schallplatten – hebräische Alben, eines auf Spanisch, und eines von Leonard Cohen.

*

Eines der von Moses am Berg Sinai empfangenen Gesetze verfügt, jährlich am zehnten Tag des siebten Monats einen Tag der Buße und des Fastens einzulegen, einen „Sabbat der Sabbate". Der Berg Sinai, der gemeinhin als Stätte dieser Offenbarung bezeichnet wird, ist kaum achtzig Kilometer von jener Bucht entfernt, in der die Soldaten nacktbadeten. 1973 fiel der Vorabend des Jom-Kippur-Festes auf den 5. Oktober.

In einer Fertighütte auf dem Flugplatz war eine kleine Synagoge untergebracht, mit einigen alten Gebetbüchern und vom Militär bereitgestellten Kippot. Ruti hatte Dienst an diesem Abend. Wie viele andere Juden verwendete sie die meiste Zeit des Jahres keinen Gedanken auf die Einhaltung religiöser Gebote, nahm diesen Tag dagegen ernst. Jom Kippur beginnt bei Sonnenuntergang und endet in der Nacht des darauffolgenden Tages, dann, wenn die Himmelspforten mit dem Abschlussgebet Neïlah den Tag beschließen. Man darf zwischendurch weder essen noch trinken. Aber nachdem Ruti das erste Abendgebet gesprochen hatte und beseelt in das Schlafzimmer, das sie sich mit ein paar anderen Mädchen teilte, zurückkehrte, schrieb sie in ihr Tagebuch, dass die Jungs vom Flugplatz konsequent die religiösen Vorschriften ignorierten: „Die Mistkerle hatten eine schöne fette Mahlzeit."

Der Ritus des nächsten Tages hält einen von morgens bis abends in der Synagoge. Der Text zum Gottesdienst, viele hundert Seiten lang, ist wie eine langsame Fahrt durch die hügelige Landschaft der Liturgie. Sie schlängelt sich kilometerlang durch eine Umgebung, die so unscheinbar ist, dass man einschlafen könnte, und vollzieht so viele Windungen, dass man sich fragt, ob man nicht bereits vor einer Stunde an genau der gleichen roten Scheune vorbeigekommen ist. Aber es gibt mehrere Gipfel, an denen eine Erkenntnis aufblitzt und man Einblick in etwas Großartiges und Altes erhält. Drei dieser Momente haben sich für mich untrennbar mit Leonard Cohen und mit dieser Geschichte verbunden, deshalb erwähne ich sie hier.

Der erste Moment ist das Gebet Unetaneh Tokef, das über tausend Jahre alt ist, obwohl niemand sein genaues Alter kennt. Das Gebet beschreibt Gottes Gericht und die Bedeutungslosigkeit der Menschen, die sind „wie eine zerbrochene Scherbe, wie trockenes Gras, eine verwelkte Blume, wie ein vorübergehender Schatten und eine verschwindende Wolke, wie ein Windhauch, der verweht, und Staub, der zerstiebt, wie ein Traum, der davonfliegt". Der Name des Gebets, übersetzt etwa „Lasst uns von der Kraft erzählen", entstammt seinem Anfangssatz: „Lasst uns von der Kraft der Heiligkeit dieses Tages erzählen." An Jom Kippur, so sagt uns das Gebet, ist diese Kraft versiegelt:

> Wie viele werden vergehen und wie viele neu geschaffen,
> Wer wird leben und wer wird sterben,
> Wer wird das Ende seiner Tage erreichen und wer nicht,
> Wer durch Wasser und wer durch Feuer,
> Wer durch das Schwert und wer durch das wilde Tier,
> Wer durch Hunger und wer durch Durst ...

Diese Zeilen sind nicht besonders kultiviert, sie sind roh, simpel, wie es auch das Leben manchmal ist. Die Symbolik ist gewaltvoll und einprägsam.

Ein anderer Moment ist ein Überrest vom Gottesdienst im Jerusalemer Tempel, der von den Römern im Jahr 70 n. u. Z. zerstört wurde: Männer, die von der Priesterklasse der Kohanim abstammen, sprechen den Segen für die Gemeinde. Sie stehen ganz vorn in der Synagoge in einer Reihe, spreizen ihre Finger in der Mitte zu einem mystischen Zeichen und verhüllen sich in Gebetsschals, sodass man ihre Gesichter nicht erkennen kann; vielleicht deshalb, damit man nicht weiß, dass der „Priester" bloß dein Sportlehrer Herr Cohen oder der Freund deines Vaters ist. Für einen Augenblick verwandelt die Tradition sie in etwas Erhabenes. Sie sprechen einen Segen aus fünfzehn hebräischen Worten: „Der Herr segne dich und behüte dich; der Herr lasse Sein Angesicht leuchten über dir und sei dir gnädig; der Herr hebe Sein Angesicht über dich und gebe dir Frieden." Es ist ein sehr alter Segen. Der gleiche Text wurde bei Ausgrabungen in meiner Nachbarschaft in Jerusalem auf einem silbernen Amulett gefunden, jemand hat ihn vor 2600 Jahren dort eingraviert.

Der dritte und letzte Moment kommt am Nachmittag, wenn die Kräfte der Gemeinde schwinden und die Lippen und Kehlen trocken sind. Dann wird das Buch Jona gelesen, die großartigste Geschichte, die jemals in achtundvierzig Sätzen erzählt wurde. In dieser Geschichte versucht Gott zu einem Mann namens Jona zu sprechen, doch der rennt weg. Jona ist der einzige Prophet in der Bibel, der das tut. Sein Verhalten ist das Gegenteil von dem Abrahams im Buch Genesis, der auf einen ähnlichen Anruf Gottes antwortet. Abraham sagt: „Hier bin ich." Auf Hebräisch ist es ein einziges Wort: *hineni*. Gott befiehlt Abraham, einen Altar zu errichten, um seinen eigenen Sohn Isaak zu opfern, und Abraham gehorcht. *Hineni*. Andere Propheten wenden zunächst ein, nicht geeignet zu sein, wie Moses, der Gott von seinem Stottern erzählt, und Jeremiah, der protestiert, dass er zu jung sei. Jona ist der Einzige, der zu entkommen versucht.

Anstatt nach Osten zu gehen, um die sündige Metropole Ninive zur Buße zu bewegen, wie Gott befiehlt, nimmt Jona ein Schiff, das von Jaffa Richtung Westen nach Tarsis fährt. Die exakte Lage dieses Ortes ist unbekannt, doch er liegt irgendwo fern im Mittelmeer, genau in der entgegengesetzten Richtung, die Gott für ihn bestimmt hatte. Der weitere Verlauf der Geschichte lehrt Jona, dass es für ihn keinen Ausweg gibt. Ein Sturm versenkt beinahe sein Schiff und wirft ihn über Bord, er wird von einem großen Fisch verschluckt und an der Küste wieder ausgespuckt, bis wir ihn am Ende alleingelassen und in sengender Wüstenhitze unweit Ninives wiederfinden. Eine wunderliche Pflanze, die im Nu aus dem Boden sprießt und ihm Schatten spendet, ist ebenso schnell verwelkt und abgestorben, und nun gibt es weder Schatten noch einen Hafen oder ein Schiff. Nur Jona und das überwältigende Dasein Gottes, der entscheidet, wer lebt und wer stirbt, wer durch Wasser und wer durch Durst. An dieser

Stelle verlässt die Geschichte Jona, und verlässt uns, da Jom Kippur sich dem Ende nähert. Die Tradition versperrt die üblichen Fluchtwege – Essen, Arbeit, Sex, Bildschirme – und leitet uns von Jonas Haltung zu Beginn der Geschichte zu seiner Einsicht am Ende. Es ist eine Einsicht, die für die meisten von uns schwierig zu verstehen ist, nicht aber für Menschen, die sehr alt sind, oder krank, oder im Krieg.

Am Morgen von Jom Kippur schaffte Ruti es nicht zur Synagoge auf dem Flugplatz. Laut ihres Tagebucheintrags vom 6. Oktober hatte sie lange geschlafen, im Bett des dunklen, breitschultrigen Technikers, der damals ihr Partner war. Deshalb hörte sie das Unetaneh Tokef und den priesterlichen Segen an diesem Morgen nicht.

Um 13:51 Uhr, irgendwo unter einem Hügel in Sinai, in einem Bunker voller Lautsprecher, ungewaschener Teegläser und angespannter Israelis in grünen Uniformen, knisterte in Babylon eines der Radios. David, ein Leutnant des Geheimdienstes, hörte einen ägyptischen Piloten in abgehacktem Arabisch von einem Angriff berichten. Sofort schrie er: „Sie kommen!" Jemand drückte einen Alarmknopf. Nun erwachten alle ägyptischen Frequenzen zum Leben. „Allahu Akbar" riefen sie, Gott ist groß.

Artilleriegranaten bedeckten die israelische Seite des Suezkanals, und tausende ägyptische Soldaten schwärmten übers Wasser. Zur gleichen Zeit stürmten weit entfernt im Norden Israels syrische Soldaten und Panzer durch Minenfelder auf die Golanhöhen. Ein ägyptisches Kampfflugzeug feuerte zielgerichtet eine Rakete auf Tel Aviv.

Ruti hörte die Sirenen vom Flugplatz, ein Geräusch, das jeder Israeli kennt: ein gedämpftes Brummen, das den Magen zusammenzieht und dann zwei oder drei Sekunden ansteigt, Zeit zum Luftholen lässt und zum Begreifen, dass etwas Schlimmes passiert ist, und um sich zu fragen, was es für einen selbst bedeuten wird. Der gleiche Klang durchtönte das ganze Land und jeder, der an diesem Tag dabei war, wird sich erinnern, wie die Prediger in den Synagogen verstummten, und an die leeren Blicke, die sich Fremde auf der Straße zuwarfen.

Zwei Phantoms, neue amerikanische Flieger mit blauen Davidsternen auf den Tragflächen, standen auf der Startbahn in der Nähe von Rutis Hütte. Das Flugpersonal in Sharm el-Sheikh war zwar theoretisch in Alarmbereitschaft, doch wie alle anderen Soldaten der Luftwaffe verbanden sie den Stützpunkt mit Mädchen, Gitarren und Grillpartys. Ein Ort der Entspannung. Die Piloten und Navigatoren hatten die vergangene Nacht mit dem verbracht, was sie gemeinhin „die wichtigste Waffe im Sektor" nannten: dem 16-mm-Filmprojektor im Stützpunkt. Sie hatten „Tora! Tora! Tora!" angeschaut, einen Hollywood-Film über den überraschenden Angriff auf Pearl Harbor – ein Detail, das fast zu symbolträchtig erscheint, um wahr zu sein.

Ruti stand draußen, als die Motoren über ihr aufheulten. Die zwei Phantoms zogen los und verschwanden im Himmel. Neue Flieger erschienen. Sie erinnert sich daran, dass der schwarzhaarige Dichter Doron und ein paar andere Jungs riefen, dass das nicht unsere seien. Ruti konnte es nicht begreifen, obwohl kaum hundert Meter weiter eine ägyptische Bombe einen tiefen Krater in die Erde riss. Sie warf ihre Sandalen weg und rannte barfuß auf der Suche nach Deckung. Eine Anekdote des Sieges von 1967 schob sich ihr ins Bewusstsein, in der ägyptische Soldaten in aller Eile ihre Stiefel zurücklassen mussten.

Doron war auch dort, und es war das letzte Mal, dass sie ihn sah. Es gab einen Luftkampf über dem Stützpunkt, als die zwei Phantoms zurückkamen. Und dann kehrte in dieser Ecke des Sinai für ein paar Stunden völlige Stille ein, während das Desaster sich an einem anderen Ort fortsetzte. Mitten in all dem konnte niemand dem Buch Jona lauschen, oder dem Neïlah, das den Jom Kippur bei Sonnenuntergang beschließt. Damals schien es, als ende der Tag niemals, als dauere er an für die nächsten drei Wochen oder noch länger.

Weiter oben auf der Radarstation saßen die Mädchen auf dem Boden einer der Hütten und füllten Munitionsmagazine. Die Fenster waren geschwärzt. Jeder wusste, dass die Radarstation eines der ersten Angriffsziele sein würde, sollte es einen Krieg geben. Es kursierten Gerüchte, dass ägyptische Helikopter bereits Truppen in die nahe gelegene Wüste ausgesendet hatten. Sie konnten jederzeit eintreffen. Den Jungs wurden Helme und Gewehre ausgehändigt, obwohl sie keine Kampfsoldaten und kaum kampferprobter waren als die Mädchen. Sie waren rund um den Rand der Hügelkuppe postiert, in den mit Sandsäcken befestigten Stellungen, die sie bis dahin nur für Zigarettenpausen genutzt hatten. Nach Anbruch der Dunkelheit ging Pnina, das ältere Mädchen, herum und verteilte kleine Stücke Käsekuchen, den sie von zuhause mitgebracht hatte. Die zwei letzten Stücke gingen an drei ihrer Freunde, die sich eine Stellung teilten, eines davon an den schwarzhaarigen Doron.

Orlys Schicht an den Bildschirmen war gerade vorbei, nun freilich ohne Zeit und Muße, irgendein Gedicht zu rezitieren und auf die Plexiglas-scheibe zu kritzeln. Sie war draußen, als die Sonne ihr entgegenflog – zumindest dachte sie im ersten Moment, dass die Sonne aus dem Nacht-himmel über das Rote Meer schoss. Als die Raketen auftrafen, blitzte es hell auf und der Hügel bebte. Orly rannte im grellen Lichtschein bren-nender Hütten, bis sie einige der anderen bemerkte, die sich unter ei-nem Tarnnetz versteckten. Jemand rief ihr zu, sie solle den Kopf mit ihren Händen bedecken. Eine zweite Rakete traf die Radarstation. Es gab keinen Luftschutzbunker zum Verstecken, keinen Unterschlupf weit und breit. Der Strom fiel aus. Plötzlich waren sie keine jungen Elektriker mit geföhntem Haar mehr, die von ihrer Klippe aus die Welt überblickten, und auch keine Soldaten einer unbesiegbaren Armee. Sie waren verlassen und hilflos auf diesem zerstörten Hügel. Einer nahm einen Feuerlöscher und versuchte, die Generatoren zu löschen. Ein an-derer sagte, die beiden Jungs in der Funkhütte seien tot. Das konnte unmöglich wahr sein, und eines der Mädchen begann zu schreien, weil einer von ihnen ihr Partner war. Die drei Jungs, die sich einen Wach-posten teilten, diejenigen, die das letzte Stück Käsekuchen gegessen hatten, waren nicht mehr aufzufinden. Eines der Mädchen begann mit bloßen Händen in der harten Erde zu graben, als ob sie dort Unter-schlupf finden oder sich darin begraben könne, oder als wolle sie durch einen Tunnel in Sicherheit fliehen.

Die Menschen weiter unten auf dem Flugplatz sahen die Explosion. Alle Radios waren tot. Der Hügel verdunkelte sich und verweigerte jede Antwort. In Meldungen hieß es, die Radarstation und ihre Soldaten seien vom ägyptischen Kommando gefangengenommen worden, wenig später kursierte das Gerücht, dass alle überlebenden Mädchen verge-waltigt worden seien. Es war unklar, wie jemand das hätte wissen kön-nen, aber so funktionieren Gerüchte nun mal, besonders im Krieg: Sie spiegeln deine größte Furcht.

Mitten in der ersten Nacht des Krieges wurden zwölf Soldaten in drei Panzern ausgesendet, um die Radarstation zurückzuerobern. Die Panzer aus sowjetischer Produktion – ein Detail, das noch wichtig werden soll-te – waren im letzten Krieg erbeutet und mit israelischen Insignien be-malt worden. Sie rollten die Serpentinen hinauf, die Truppen zogen in die Schlacht. Als der erste Panzer ganz nah ans Tor kam, bemerkte der Richt-schütze zwei Soldaten. Er eröffnete das Feuer und sah sie zu Boden fallen.

Orly und Pnina waren mit einigen anderen in der beschädigten Radarstation zusammengepfercht und hörten, wie der Feind brüllend den
Hügel erklomm. Die runden Geschütztürme der sowjetischen Panzer
kamen in Sicht und eröffneten das Feuer. Die beiden Israelis, die das
Tor bewachten, ließen sich fallen und blieben regungslos liegen.

Die Panzer rollten in die Station und beschossen die Speisehütte.
Einer der Jungen, Danny, wurde von einem Granatsplitter getroffen, ein
anderer, Juda, griff nach einem alten Maschinengewehr auf einem
Stativ – nicht, dass irgendeiner der Radartechniker eine Ahnung von
Maschinengewehren gehabt hätte oder dass es gegen Panzer hätte
helfen können. Pnina lag in einem Graben ein paar Meter von den Panzern entfernt, nah genug, um den Kopf eines der Kommandanten in
der Ladeluke zu erkennen und zu verstehen, was er in den Funk sprach:
„Aleph 1 an Aleph 2, over." Der Ägypter sprach Hebräisch.

Der Stationskommandant rannte bereits mit wehendem weißem
Hemd in Richtung der Panzer. Auch Pnina erhob sich aus dem Graben.
Sie erinnert sich an den verwirrten Panzerkommandanten, der kein
Ägypter war, sondern ein Israeli in Pninas Alter aus einem Kibbuz im
Norden, und der sie aus seinem übergroßen Helm anstarrte. Er staun-
te: „Es sind Mädchen hier?!" Sie standen alle da und sahen sich an.

Ruti, immer noch an der Telefonzentrale unten am Flugplatz, ahnte,
dass an der Radarstation etwas Schreckliches passiert sein musste – zuerst ein Angriff und dann ein Missgeschick. Die Ägypter hatten die Station mit Raketen beschossen, doch nicht einer ihrer Soldaten war zu
sehen. Die einzigen Bodenkämpfe in dieser Nacht fanden zwischen
Israelis statt. Die Soldaten sprachen nicht darüber, damals nicht und
nicht in den nächsten dreißig Jahren. An diesen ersten Kriegstagen gab
es genug schlechte Nachrichten von anderswo, mit denen man sich be-
fassen musste. Das silberne Heck einer MiG-17 lag in der Wüste in der
Nähe von Rutis Kaserne, wo es im Luftkampf in den ersten Minuten des
Krieges abgestürzt war. Die Leiche des ägyptischen Piloten lag daneben,
bis sie jemand wegschaffte. Dorons Mutter und Schwester riefen in der
Telefonzentrale an, um zu erfahren, wo Doron war, und Ruti antwortete, dass er gerade nicht da sei, sie die Nachricht aber weitergebe. Das
war es, was man ihr zu sagen aufgetragen hatte.

2.

DIE HIMMELSPFORTE

Leonard Cohen kam auf die Insel Hydra, wo er auf dem Berg ober-halb des Fähranlegers in einem kleinen weißen Haus Unterschlupf fand. Er war vor etwa einem Jahrzehnt schon einmal hier gewesen, nach seiner Flucht aus London, und von Hydra aus war er nach Montreal weitergezogen. „Ein großer Teil meines Lebens war Flucht. Egal, von wo", sagte er später. „Selbst wenn alles ruhig schien, musste ich fliehen, weil es für mich nicht ruhig aussah. Es lag immer etwas Eigenwilliges darin, aber dieses Mal nicht, es war schlicht eine Form des Überlebens."

Er lernte die Insel durch ein paar unwiderstehliche Bohemiens kennen, die schon vor ihm dort waren, und er war entzückt von den erschwinglichen Preisen, von den Eseln und der Armut, und vom grellen Licht – das Gegenteil von den erdrückenden Betonhimmeln kanadischer Winter, von dem schmutzigen Schnee, der ein halbes Jahr lang das gefrorene Gras bedeckte. „Ich war nie zuvor an einem sonnigen Ort und ich hatte überhaupt nicht gewusst, was Sonne war", sagte er, „und so verliebte ich mich in sie, in die Sonne, in ein blondes Mädchen und in ein weißes Haus." Das Mädchen war Marianne Ihlen, über die er mehrere Lieder schrieb, Lieder, die jeder kennt: „So Long, Marianne" und „Hey, That's No Way to Say Goodbye".

Cohen schrieb den Roman „Beautiful Losers" auf dieser Insel, oberkörperfrei und im Sonnenlicht, auf Speed, Acid und Mandrax. Die Kritik lobte das Buch und es gibt immer noch Menschen, die es lieben, aber kaufen wollte es damals fast niemand. Cohen kam immer wieder nach Hydra in dieser Zeit. Es war die Zeit, in der er vom unbedeutenden Tümpel der kanadischen Literatur in die Musikwelt Manhattans aufstieg, in die Welt von Joan Baez, Nico und dem Chelsea Hotel. Er war Teil der Szene und stand doch über ihr – im Anzug, wenn alle anderen Jeans trugen, düster und seltsam und voller unbekannter Pläne –, und entwickelte sich im Laufe der Sechziger zu einer einzigartigen Persönlichkeit.

Im Herbst 1973 war Cohen aus dem Leben Mariannes und dem vieler anderer verschwunden. Er war jetzt mit einem Baby, seinem ersten Sohn, Adam, auf dieser Insel, und mit einer dunkelhaarigen Frau namens Suzanne. Nicht *die* „Suzanne" aus dem gleichnamigen Lied (eine Tänzerin, die er in Montreal gekannt hatte), sondern eine andere Suzanne, die er in New York kennenlernte. Sie waren nicht wirklich verheiratet, aber sie war Adams Mutter, und in seinen Schriften nannte er sie seine Frau. Er war nun fast vierzig und reiste nicht mehr mit leichtem Gepäck.

*

Bestünde diese Geschichte aus zwei magnetischen Polen, wäre der erste die Wüste Sinai und der zweite die „Himmelspforte". Die Pforte liegt siebeneinhalbtausend Kilometer westlich von Hydra, in Kanada, mehr als einen Kontinent und ein Weltmeer entfernt. Wenn man über Toronto fährt, nimmt man den Highway 401 ins weite, flache Land nach Osten, den Sankt-Lorenz-Strom entlang, vorbei an der Stadt Napanee und dem Shorelines Casino, vorbei an Sumpfgebieten, Eichenwäldern und Sommerhäusern, vorbei am letzten englischen Ort Kanadas an der Tankstelle hinter Bainesville und vorbei am Esso-Nachtschalter, mit dem Quebec beginnt, und vorbei an den gepflegten Industriegebieten von Vaudreuil-Dorion, die Montreal ankündigen. Man klettert auf den Mount Royal in Richtung des grimmigen katholischen Kreuzes auf der Bergkuppe. Man könnte denken, dies sei bereits die Himmelspforte – die, die es aufstellten dachten es wahrscheinlich –, doch es ist nicht die, die wir suchen.

Die Straßen werden mit zunehmender Höhenlage immer schmaler. Das ist Westmount. Hier findet man ein anderes Kreuz, kleiner und dezenter. Die Anglikaner brachten es auf der Spitze der St.-Matthias-Kirche an, ein ehrwürdiges Gebäude aus englischem Stein. Dann überquert man die Straße und gelangt in eine vornehme, von Grün umgebene Festung. Jeder Stein hier verspricht Stabilität, Gemeinschaft und Erfolg. Nichts deutet darauf hin, dass das Gebäude etwas so Verwegenes sein könnte wie ein Portal zum Göttlichen – nichts, außer unscheinbare hebräische Buchstaben, die genau das behaupten: *Sha'ar Hashomayim*. Die Menschen hier nennen es einfach *Sha'ar*, die Pforte.

Der Grundstein für die Himmelspforte kam den weiten Weg aus dem Land Israel und wurde hier im Jahr 1921 von Lyon Cohen gelegt.

Lyon war der Vater von Nathan Cohen, der aus dem Ersten Weltkrieg zurückkehrte und Masha heiratete, die Tochter eines genialen Rabbis aus Kovno in Litauen. Die Cohens waren, wie ihr Name verrät, Abkömmlinge der Tempelpriester und die Vorsteher der Gemeinde. Als Nathans Sohn dreizehn war, wurde er in diesem Gebäude zum Toralesen aufgerufen, als Eliezer haCohen – Eliezer der Priester –, doch sein richtiger Name war Leonard.

Es gibt Synagogen, in denen am Jom Kippur zerzauste Männer und Frauen ihre Gebete ausrufen, die Finger starr und zur Decke gerichtet, mit schiefen Gebetsschals und Kopftüchern, ihre Körper geschwächt von der Fastenzeit, voller Bestürzung und Buße über die vielen Versäumnisse des letzten Jahres. Dies ist nicht so eine Synagoge. Hier sind die Stimmen gedämpft und die Leute wissen sich zu kleiden. Dieser Ort konserviert die Tradition und versiegelt ihren nicht zu bändigenden Kern – jene Verbindung zwischen einem Sklavenvolk und einem grausamen Gott, der es durch die Wüsten Sinais aus Ägypten führte, der sich als Rauchsäule vor ihrem Lager zu erkennen gab, der Leben, Tod und Wissen vermittelte, sie aufrichtete durch Funken Seiner selbst, sie niederwarf durch Pest und Plünderei, und der Wasser schöpfte aus dem bloßen Felsen.

1964, als er noch ein einfacher kanadischer Dichter war, brachte Cohen seine Hörer in Montreal mit einer Rede gegen sich auf, in der er das jüdische Gemeindewesen mit einem schmucken Gebäude verglich und es als leere Perversion seines göttlichen Auftrags verwarf. „Wir können nicht zum Himmel blicken", sagte er mit Verachtung in der Stimme, die der alten Aufnahme deutlich anzumerken ist. „Wir haben unseren Glauben ans Göttliche verloren. Jüdische Romanciers sind Soziologen. Horizontalisten. Und die Energie, die durch den Verlust dieses Glaubens, den wir vor viertausend Jahren hatten, freigesetzt wurde, haben wir gegen uns selbst gewendet. Wir klopfen an unsere eigene Tür und wundern uns, wieso niemand antwortet." Was es nun brauche, schimpfte er, seien nicht Priester, sondern Propheten, „unreine Heilige", „monströse Eremiten". Er forderte „einen Stopp aller geistlichen Handlungen, bis jemand eine Vision verkündet oder seinen Verstand an der Unendlichkeit verliert". Als 1973 Jom Kippur anstand, war diese Rede einer der Gründe, warum der bekannteste Sohn der Synagoge nicht anwesend war. Er folgte seinem Vater und seinen Onkeln weder in den Gemeindedienst noch ins Bekleidungsgeschäft. Er war weit weg am Mittelmeer.

Depressionen plagten Cohen einen Großteil seines Lebens, und die Vorkriegsmonate auf Hydra müssen besonders düster gewesen sein. „Ich lebe hier mit einer Frau und einem Kind", schrieb er. „Das macht mich ein bisschen nervös." Eine Insel ist ein Zufluchtsort – und gleichzeitig einer, an dem man strandet. Diese Stimmung ist in dem schriftlichen Bericht seiner Reise zum Berg Sinai spürbar, die im nächsten Kapitel ihren Anfang nimmt. Cohens Prosa ist oft sehr lebendig und zugleich obszön. Die Art, wie er über Frauen schreibt und wie er sich ihnen gegenüber verhält, war Teil einer anderen Zeit und passt nicht mehr in unsere. Das mag ein Schock sein für alle, die seine früheren Gedichte und Romane nicht gelesen haben, die seine transzendenten Hits kennen, ohne zu wissen, was er durch sie transzendiert, oder die sich nur an seine spätere Gestalt als Gentleman im Anzug erinnern. Diese ältere Version Cohens spottet der Tatsache, dass er fünfundsechzig war, als er das erste Mal eine Frau wirklich kennenlernte. Der Dichter, der mit neununddreißig zum Sinai reiste und dieses Manuskript hervorbrachte, ist in den Fängen von Wut und Verlangen. Er versucht sich mithilfe von Frauen und Drogen zu zerstreuen. Es ist schwierig, ihn zu lieben.

In jenem Herbst war er frustriert, fühlte sich hintergangen, nicht nur von seiner Familie und seinem fortgeschrittenen Alter, sondern von seiner eigenen Musik. Es hatte im Jahr zuvor eine Tournee durch Europa gegeben, inklusive zwei Terminen in Israel, die seines Erachtens aber fürchterlich verliefen. Die erhabenen Momente auf der Bühne, nach denen er lechzte, waren ausgeblieben. Das Musikgeschäft und was es aus ihm gemacht hatte, stieß ihn ab. „Einst, vor langer Zeit, wurden meine Lieder nicht verkauft; sie fanden ihren Weg zu den Leuten trotzdem", sagte er in einem Interview im März 1973. „Dann kamen Leute und sahen, dass sich daraus Profit machen ließe; und der Profit begann, auch mich zu interessieren."

Er kündigte an, dass er sich zurückziehen werde. „Es ist vorbei", ließ Cohen in demselben Jahr Roy Hollingsworth von *Melody Maker* wissen. „Ich wünsche allen in der ‚Rockszene' gutes Gelingen, und möge ihre Musik großartig sein. Möge es ein paar gute Songwriter geben – und das wird es mit Sicherheit. Aber ich will davon kein Teil sein. Ich habe Lieder im Kopf, aber ich weiß nicht, wie ich sie niederschreiben kann. Wie auch immer, ich bin raus." Er kehrte zurück nach Hydra, und das war der Stand der Dinge Anfang Oktober, am Jom Kippur.

3.

ÄGYPTENS KUGEL

Aus Cohens verlorenem Manuskript[1]

Ich hörte vom Krieg zwischen Arabern und Juden. Ich wollte kämpfen und sterben, weil es so unerträglich war, mit ihr zu leben. Meine Schulter tat weh, entweder weil ich dem Maurer beim Steinetragen geholfen hatte oder weil ich mit den Zähnen knirschte oder beides. Ich knirsche mit den Zähnen, wenn ich nurmehr das Wrack der Schönheit betrachte und im Hass lebe, und wenn ich auf meiner Seite des Bettes liegenbleibe und in meinem Kopf immerzu schreie „Nein, das kann nicht mein Leben sein". In jeder vollen Stunde hörte ich die Nachrichten. Der Krieg ging weiter. Wo war unser Wunder?

Ich hörte mich selbst mit Anthony reden. Ich sprach vom Herz des Judentums. Wir saßen uns gegenüber an einem kleinen Tisch auf der Terrasse. Er sprach vom Herz der Welt. Ich sprach von Jerusalem aus Fleisch und Stein; er vom Jerusalem des Geistes. Es war ein sonniger Oktobermorgen. Wir tranken Ovomaltine an jenem kleinen Weidentisch, den ich vor vielen Jahren aus Athen mitgebracht hatte.

Ich sagte, wir leben in einer endlichen Welt. Zumindest in einer Doppelwelt, und nicht in den Gefilden der Lüfte. In dieser Welt ist der Geist im Schlamm verankert. Jerusalem ist nicht nur ein christlicher Hymnus. Es ist die Hauptstadt aller Flüchtlinge. Aber ist das wahr? Stimmt das wirklich?

---

1   Dieses Manuskript schrieb Cohen kurz nach seiner Rückkehr auf Hydra. Es wird hier zum ersten Mal veröffentlicht. Das Dokument ist zu lang, um es vollständig abzudrucken, und manche Teile sind für dieses Buch unerheblich. Deshalb habe ich mir – bei aller Sorge – die Freiheit genommen, den Text zu kürzen und ihm nur das zu entnehmen, was Cohens Reise zum Sinai beschreibt. Zum besseren Verständnis habe ich grammatikalische Fehler korrigiert und fehlende Sequenzen durch Einfügungen ergänzt.

Einer von uns sprach. Unsere Frauen brachten uns Ovomaltine, den Trunk der Metaphysiker. Ich sagte, ich widerspreche nur, um diese anregende Konversation weiterzuführen. Ich weiß bereits, was ich tun werde.

Er sagte, es sei einfacher zu gehen als zu bleiben. Die Spannung des Krieges gegen diese Tortur aus Wärme und Monotonie. Weggehen ist der einfachere Weg. Weggehen ist ein Alibi. Wir sind nicht bestimmt für den einfachen Weg.

Ich gehe, sagte ich.
Ich gehe auch, sagte er.
Die Landschaft, sagte er.
Der Krieg, sagte ich.
Was immer du sagst.[2]

Meine Frau – was für Strahlen, Drähte und Äther verbinden uns. Was für Bänder und Bahnen, kühn und fein wie Flugrouten, die in sauberen Bögen über Regionen, Stimmungen, Sprachen tanzen, ein Ende in deiner Brust, das andere in meiner. Was für Kanäle intensiver Luft, die auf ein Signal hin zittern. Wie Augen, die auf Sterne gerichtet sind, wie die Verbindung von Augenlicht und Sternenlicht. Welche Missionen aus Geistersamen eilen durch die gläserne Luft zum Mond-Ei, das in deinem Skelett thront, alles Schatten, und hier ist die Schattenbrut von Hass, Liebe und Reue.

Auf dem schwarzen Felsen bellt energisch ein Hund. Vielleicht kannst du ihn im Schlaf hören. Ein schwarzes, schneckenartiges Insekt kam von der Wand, als ich wieder versuchte, nach Hause zu kommen. Eine Glocke hatte zu läuten begonnen. Nach religiöser Zeitrechnung muss das das Ende der Nacht sein.

Was immer du sagst.

Schalte das Radio ein, zünde eine Zigarette an. Du bist schließlich

---

2   Die Figur des Anthony folgt einem durchschaubaren literarischen Kalkül: Er ist die Stimme des Universalismus, der an das „Weltherz" glaubt, im Gegensatz zu Cohens „jüdischem Herzen", skeptisch gegenüber dessen Faszination für den Staat Israel. Die Anspielung ist jedoch mit ziemlicher Sicherheit auf eine reale Person zurückzuführen: Anthony Kingsmill (1926–1993), ein britischer Maler, mit dem Cohen auf Hydra eng zusammenarbeitete. Entgegen Anthonys Zusage, Cohen zu begleiten (vielleicht von der Idee getrieben, „die Landschaft" zu zeichnen), kam er nicht mit.

ein ganz normaler Bürger. Fummel dich durch die Sender, finde irgendeinen guten Sound. Keine Oper und kein Rauschen. Keine leidenschaftlichen arabischen Violinen und keine gepanzerten Sinfonien. Und keine seichten französischen Reime von Vögeln und Booten.[3] Schalte es aus. Nun kannst du den Wind wieder hören. Zünde noch eine Zigarette an. Lehne dich vor. Du bist erwachsen. Schüttele deine Knie. Dein Penis bereitet dir keine Sorgen. Kein Herzschmerz quält dich. Versuch das Radio. Der Grieche ist in Ordnung. Jetzt ist Mitternacht. Die Regierungen sprechen. Versuch nochmal Stille. Deine Regierung spricht. Sie wird nicht zurücktreten.[4] Er wird sich nicht erbrechen. Er wird deine Frau nicht aufwecken und sie lächelnd ins Zimmer bringen, um zu sagen: Ich hatte einen Traum. Wir haben unter einer Welle geheiratet. Das Kind ist wach.

Schalte das Radio ein. Sie spielen wirklich Deutschland über alles. Jemand, der klingt wie Dylan. Italienische Nachrichten. Glen Miller in The Voice of America.

Ich sagte: Weil es so furchtbar ist zwischen uns, werde ich gehen und Ägyptens Kanonenkugeln aufhalten. Trompeten und ein Vorhang aus Rasierklingen. Orgelmusik.

Sie sagte, das ist wundervoll. Dann kann ich Suizid begehen und das Kind kommt zu Fremden.

Was hast du mir angetan, sagte sie.

Was hast du mir angetan, sagte ich.

Die Einsamkeit, sagten wir. Die Nächte, an denen wir an uns selbst Hand anlegten. Deine Unfreundlichkeit, sagten wir. Deine Gier. Deine Unfreundlichkeit. Deine böse Zunge. Gib mir Zeit. Du lernst es nie. Deine Vorfahren. Meine Vorfahren. Fick dich, sagte ich. Du Stück Scheiße. Hör auf zu schreien. Ich ertrage das nicht. Du erträgst nichts. Niemand kann so leben. Vor dem Kind. Das muss er lernen. Es ist sinnlos. Da hast du verdammt recht, es ist vollkommen sinnlos.

Die Küche war einst wunderschön. Öllampen, Ordnung, der gedeckte Tisch. Sabbat eingehalten. Das ist es, was ich will. Du willst es nicht. Du weißt nicht, was ich will. Du weißt nichts über mich. Das wusstest du nie. Nicht am Anfang und nicht jetzt. In den Gefilden, wo

---

3　Möglicherweise eine Anspielung auf Michel Polnareffs „Tous les bateaux, tous les oiseaux" („All die Boote, all die Vögel") von 1969.

4　In Washington, D. C., war der Watergate-Skandal auf seinem Höhepunkt.

diese Ehe besiegelt wurde und das Hochzeitsfest immer weitergeht, da, wo Adam und Eva sich gegenüberstehen, das Fundament makellos und unerschütterlich, dein wildes Haar wie schwarzes Feuer auflodert und deine Brüste, erst in Jungfräulichkeit, jetzt in Mutterschaft, über mein Gesicht zogen; unser Hunger von Sonne und Mond beseelt, ein Kreis von Tänzern rund um das Haus, wo im Inneren das Zimmer verborgen und das Bett ungemacht ist, worauf sich der Hunger legt, und wo der eine in noch unbekannten Wendungen spricht.

Ich mache mich auf den Weg.

Ich ging runter zum Hafen mit meiner Frau. Auf dem Weg dorthin beschuldigte ich sie, dass sie mich pausenlos, gnadenlos und unwillkürlich in meinem Innersten angreift. Ich weiß, dass das unklug war. Ich wollte ihr lediglich auf die Finger klopfen und auf ihren Hang anspielen, sich fortwährend wie eine Zicke zu benehmen. Doch ich verlor die Kontrolle. In diesen Gebieten gibt es keine Kontrolle. Ich wurde zum Rowdy. Ich griff ihre Seele an. Doch ihre Seele bewaffnete sich und schoss bitterlich zurück. Gut, dass du nicht für mich mitgepackt hast. Du hältst mich immer auf. Ich kann nicht Seiltanzen, wenn du in der Nähe bist.

Der Schuhmacher sah zu uns auf, als wir an seiner Ladentür vorbeigingen. Diese Demütigung machte mich rasen. Ich stieß eine Rasierklinge in ihre Nerven. Ihre Augen verfärbten sich. Ich sagte „Jesus Christus", beschleunigte meinen Schritt, bewegte meinen Kiefer minimal, und stieß sie in ihrem Wesen ein für alle Mal ab. Der schläfrige Old John sah uns, aber diesmal war es keine Demütigung, denn er erkannte mich nicht und ich grüßte ihn nicht mehr. Käpt'n Mad Body sah uns, aber das machte nichts, denn er war stumm und verrückt und lebte am Hafen und kannte jedermanns dunkles Geheimnis. Wir waren am Hafen, im klaren Sonnenlicht zwischen den Masten und den Geschäften. Die Hupe, die Schiffe kamen. Ich würde also ohne deinen Segen in diese gescheiterte Welt reisen müssen. Das ist das Schiff.

Die *Naeraia* lief ein, mit ihren weißen Decks über uns. Ich kenne die Namen einiger Schiffe. Seile flogen, Uniformen blitzten, überall hastige Befehle und die Angst, Zeit zu verlieren. Ich starrte sie an, als sie schön und ruhig wurde. Ich würde keinen Segen bekommen. Die Reise nahm einen ungünstigen Anfang.

Einmal an Bord, bin ich an Bord. Ich kletterte nicht aufs Oberdeck, um jemandem zum Abschied zu winken, dessen Segen unausgesprochen blieb. Sie muss ihren toten Segen wieder den Berg hinauf nach Hause tragen. Als sie zu Hause ankam, steckte sie eine blaue Schleife in die Innenseite meines Windbreakers, dort, wo das Herz sein sollte. Sie zeigte es mir später. Das hat sicherlich dazu beigetragen, dass ich lebend zurückgekommen bin.

Ich setzte mich neben einen Mann, der etwas gearbeitet hatte. Es gibt immer diese Leute, die einem die eigene Trägheit vor Augen führen. Die Bescheidenheit dieses Mannes war besonders vorwurfsvoll. Seine Hände sagten mir, wie faul ich bin. Seine Stille sagte mir, wie laut ich bin. Seine Falten sagten mir, wie schwach ich bin. Seine Schultern sagten mir, wie stolz ich bin.

Wir erreichten die Insel Ägina, Heimat der Pistazie, letzter Halt vor Piräus. Anthony sagte, dass George gesagt habe, man wolle sie am Anfang nur von vorn sehen, aber nach einer Weile nur noch von hinten.

Stamatis, ein sturzbetrunkener Landbesitzer von dieser Insel, bestieg das Schiff auf Ägina. Ich fragte ihn, ob er Neuigkeiten über Lizette habe, eine englische Gastwirtin, die wir beide kannten und die den traurigen Ruf hatte, in Schwänze zu beißen. Nebensächliche Informationen über ihre Existenz auszutauschen, war seit Jahren die Hauptstütze unserer zufälligen Gespräche. Ja, er hatte Neuigkeiten, wenn auch keine sehr erfreulichen. Sie war nach Athen gekommen und hatte sich mit ihm in Verbindung gesetzt. Sie hatten ein Rendezvous vereinbart, doch aufgrund verschieden gestellter Uhren kamen beide zu unterschiedlichen Zeiten. Als er einige Zeit später in ihrem Hotel anrief, wurde ihm mitgeteilt, dass sie nicht in der Lage sei, das Telefon zu benutzen. Er ließ sich den Hotelmanager geben und der riet ihm, nicht ins Hotel zu kommen, es sei kein schöner Anblick. Einige Wochen später erhielt er einen Brief von Lizette, abgestempelt in London, mit einer typisch deprimierenden Erklärung. Offenbar war sie von drei japanischen Touristen hinter einem Restaurant übel zugerichtet worden. Dies war das erste Gespräch seit langem, das ich mit Stamatis geführt habe. Glaubst du diese absurde Geschichte?, sagte ich zu ihm.

Es war erstaunlich, wie klar im Kopf und glücklich ich geworden war. Nur ein kleines Meer zwischen mir und der Kreatur der Unschönheit, und die Welt hatte begonnen, lebendig zu werden. Er steckte eine Zigarette in ein elfenbeinernes Rohr und tat so, als ob er mich nicht hörte. Wir nippten an unseren Ouzos, vollkommen zufrieden, vollkommen unbekümmert, zwei Männer von Welt.

Wieso bist du nicht in Israel?, fragte er und dachte, damit hätte er mich.

Um ehrlich zu sein: Genau da gehe ich hin.

Wirklich? Ernsthaft? Beglückt stand er auf.

Ich gehe direkt zum Flughafen, sobald wir anlegen. Deshalb bin ich hier.

Bravo, sagte er. Wirklich! Bravo, bravo, bravo! Oh, ich bin so froh! Bravo. Bravo. Bravo. Bravo. Er nahm meine Hände in seine und drückte sie mit wahrer Begeisterung und so etwas wie Dankbarkeit. Offensichtlich vertrat ich jetzt bestimmte alte Tugenden, die er sehr schätzte. Wir teilten mehr als nur die Liebe zur Möse miteinander. Wir waren der Schild, die Männer, die verteidigten. Mein Haus, sein Haus. Mein Land, sein Land. Deshalb waren uns Zigarettenhalter, Einsamkeit und das Recht, beiläufig über Frauen zu sprechen, vergönnt.

Du musst, sagte er. Du musst!

Ich weiß. Ich fühlte mich demütig und dem Untergang geweiht. Seine Augen schienen auf eine verehrte Leiche zu strahlen. Der Grad seiner Bewunderung hatte mehr als einige unserer Mitreisenden angezogen. Diese begann er auf Griechisch wie folgt anzusprechen:

Dieser Mann reist nach Israel, um sein Land gegen den Feind seines Landes zu verteidigen. Er hinterlässt ein gut ausgestattetes Haus, eine Frau und ein Kind, alle Annehmlichkeiten, die er erreicht hat. Ich frage mich, wie viele von Ihnen, wenn Sie, sagen wir, in Holland oder Schweden unter ähnlichen Umständen leben würden, im Ernstfall ihre Sicherheit opfern und hierher zurückkehren würden, um gegen den Türken zu kämpfen. Bravo, Leonard. Bravo. Bravo. Bravo.

Mit einer verächtlichen Handbewegung schickte er seine Zuhörer zurück in ihre Privatgemächer, damit sie ihre Feigheit überdenken, und wir umarmten uns. Ich muss etwas wirklich Dummes tun, sagte ich mir, um einen anderen Mann so glücklich zu machen.

4.
NACH WESSEN PLAN?

In den ersten Kriegstagen war es nicht einfach, Israel zu erreichen, nicht nur aufgrund von Unterbrechungen im Flugverkehr, sondern weil Tausende von Menschen aus der ganzen Welt sich dorthin auf den Weg machten. Hunderte schliefen an den El-Al-Schaltern in Heathrow und Orly. Viele von ihnen waren junge Männer, die versuchten, sich ihren Reserveeinheiten anzuschließen, wie Isaak in Tokio und Shlomi in London, von denen wir später noch hören werden. Die Armee übermittelte der Fluglinie Prioritätenlisten, und zunächst war es unmöglich ein Flugzeug zu besteigen, wenn man nicht gerade einen Panzer bedienen oder im Krankenhaus helfen konnte – ein Zeichen dafür, wie die Dinge standen. Manche der Menschen am Flughafen waren Zivilisten, die verzweifelt zu ihren Familien nach Israel zurückkehren wollten. Manche waren nicht mal Israelis. In Florida beispielsweise vernahm ein jüdischer Augenarzt in der Synagoge – es war ja Jom Kippur – die Neuigkeiten und setzte sich am gleichen Tag samt Operationsbesteck ins Flugzeug. Ein anderer amerikanischer Arzt aus Pittsburgh operierte verwundete Soldaten nur vier Stunden nach seiner Landung. Ein Chirurg aus Kapstadt, Südafrika, ergatterte einen Flug, landete in Lod, und wurde direkt an die Front im Sinai geschickt.

Damals wirkte ein Notruf aus Israel auf manche wie das Bat-Signal aus den Batman-Comics oder Susans Horn in Narnia. Heute kann man sich das schwer vorstellen. Und auch damals waren einige derjenigen, die sich auf den Weg machten, selbst überrascht. Darunter mein Vater, der zur Zeit des Kriegsausbruchs zwischen Israel und Ägypten, Jordanien und Syrien im Juni 1967 Doktorand in Toronto war. Wie viele andere Juden, die sich nach dem Zweiten Weltkrieg im Westen wiederfanden, hatte er mit jüdischer Tradition wenig zu tun und sprach auch kein Hebräisch. Während die Juden in Israel ihre Zukunft und ihr Leben auf die Staatsbürgerschaft in einem umkämpften jüdischen Staat setzten, zählten mein Vater und seine Altersgenossen anderswo auf das Wohlwollen einer Mehrheit, die bereit schien, sie zu akzeptieren. Kriege im Nahen Osten waren kein Teil seines Lebens. Doch im Juni 1967 rief er das israelische Konsulat in Toronto an, um zu fragen, wie er in dieses Land kommen könne, in dem er nie zuvor gewesen war und in dem er nicht eine einzige Person kannte. Sie dankten ihm, doch sagten, dass er nicht gebraucht werde.

Dieselbe Idee hatte auch der aufbrausende, zügellose Dichter Irving Layton aus Montreal, einer von Cohens Mentoren und engsten Freunden. Layton wurde als Israel Lazarovitch geboren und änderte seinen Namen, wie so viele, doch nicht seine Überzeugungen. Aviva Layton, seit zwei Jahrzehnten die Lebensgefährtin des Dichters und Mutter seines Sohnes, erinnerte sich daran, wie er 1967 zum israelischen Konsulat ging, um sich im Alter von fünfundfünfzig Jahren freiwillig zur Armee zu melden, und niedergeschlagen zurückkam, als man ihn nicht aufnehmen wollte. „Damals", so Aviva, „als wir noch keine politische Haltung zu Israel hatten, war das einfach eine atavistische jüdische Sache."

Dieses Gefühl gehört vielleicht zu einer älteren Generation und zu einer Zeit, als Israel noch verwundbarer war. Aber es taucht noch 2016 in Jonathan Safran Foers Roman „Here I Am" auf, in dem eine amerikanisch-jüdische Familie auseinanderbricht, als Israel von einer Katastrophe heimgesucht und angegriffen wird. Der Protagonist nimmt seinen Mut zusammen und macht sich, von sich selbst überrascht, auf den Weg in den Krieg. Als er einen Flughafen in Long Island betritt, um von den Israelis kontrolliert zu werden, trifft er auf andere Freiwillige, die „Jerusalem of Gold" singen, ein patriotisches Lied aus dem Krieg von 1967, das jüdische Kinder im Sommerlager lernen. „Ich hatte mein ganzes Leben lang Bücher und Drehbücher geschrieben", erinnert sich die Romanfigur, „aber es war das erste Mal, dass ich mich wie eine Figur in einem Buch fühlte – dass das Ausmaß meiner unbedeutenden Existenz, das Drama des Lebens, endlich dem Privileg entsprach, am Leben zu sein."

Cohen wurde 1934 geboren. Er erinnerte sich an den Zweiten Weltkrieg und daran, was es bedeutete, ohne jüdischen Staat zu leben. Israel wurde 1948 gegründet, als er vierzehn war. 1961, als Cohen siebenundzwanzig und Israel dreizehn war, wandte er sich mit „Lines from My Grandfather's Journal", das sich in seinem zweiten Gedichtband findet, an dieses Land. Der Großvater ist der Vater seiner Mutter, Rabbi Solomon Klonitzki-Kline aus Kovno. Nachdem er aus Europa in die Neue Welt geflohen war und das Schicksal derjenigen miterlebt hatte, die nicht so viel Glück hatten, betrachtet der alte Rabbi – in den Worten seines kanadischen Enkels – diese Wendung der jüdischen Geschichte:

> Soldaten in enger Formation. Fallschirmjäger in einer weißen Tel Aviver Straße. Wer wagt es, eine Antwort an die Öfen zu verschmähen? Irgendeine Antwort.
> Es missfiel mir, die jungen Männer im polnischen Ghetto verkrüppelt zu sehen. Ihre gekrümmten Rücken waren nicht schön. Verzeihen Sie mir, es macht mir keine Freude, sie in Uniform zu sehen. Der Anblick jüdischer Bataillone reizt mich nicht.
> Aber es gibt nur eine Wahl zwischen Ghettos und Bataillonen, zwischen Peitschen und der schwächsten patriotischen Arroganz ...

Eine frühe Äußerung zu Cohens Verständnis von Krieg und Zugehörigkeit zur jüdischen Gemeinschaft findet sich in seinem Protestsong „Story of Isaac", den er vier Jahre vor den Ereignissen dieses Buches schrieb, auf dem Höhepunkt des Vietnamkriegs. Der Text basiert auf der Geschichte aus der Genesis: Abraham ist bereit, seinen Sohn zu opfern, weil Gott es ihm befahl. Das Lied endet so:

> *Und wenn du mich jetzt Bruder nennst,*
> *vergib mir, wenn ich nachfrage:*
> *Nach wessen Plan?*
> *Wenn alles zu Staub zerfällt*
> *werde ich dich töten, wenn ich muss,*
> *werde ich dir helfen, wenn ich kann.*
> *Wenn alles zu Staub zerfällt*
> *werde ich dir helfen, wenn ich muss,*
> *werde ich dich töten, wenn ich kann.*
> *Und Gnade für unsere Uniform,*
> *Mann des Friedens, Mann des Krieges –*
> *der Pfau breitet seinen Fächer aus!*

Das Lied, das schärfer und aktueller ist, als Cohen es sich normalerweise gestattete, enthält die Zeile „Ihr, die ihr jetzt diese Altäre baut, / Um diese Kinder zu opfern, / Ihr dürft es nicht mehr tun", doch Cohen war kein Pazifist. Ein Song, der ihn lange begleitete, ist seine Interpretation von „The Partisan", eine Ode an den bewaffneten Widerstand. „Story of Isaac" hingegen wurde schließlich von der Setlist gestrichen. Er wollte nicht mit John Lennon verwechselt werden. „Ich muss keinen Song mit dem Titel ‚Give Peace a Chance' haben", sagte er in einem Interview sieben Monate vor dem Jom-Kippur-Krieg. „Ich könnte ein Lied über einen Konflikt schreiben, und wenn ich es auf friedliche Weise singen würde, hätte es dieselbe Botschaft. Ich mag diese Schlagwortschreiber nicht."

Genauso wenig glaubte Cohen an die Welt von Lennons „Imagine", in der die Menschen ohne Nation oder Religion leben. Cohen interessierte sich für östliche Spiritualität, benutzte damals viel das I-Ching und verbrachte schließlich einige Jahre in einem buddhistischen Kloster am Mount Baldy in Kalifornien. Aber er dachte nie, dass er seiner Heimat den Rücken kehren könnte. „Viele Leute denken, ich hätte meine Religion gewechselt. Sie sind misstrauisch, höhnisch oder enttäuscht darüber, dass ich meine eigene Kultur aufgegeben habe, dass ich das Judentum aufgegeben habe", sagte er 1997 einem schwedischen Interviewer im Kloster. „Nun, ich habe nie nach einer neuen Religion gesucht. Ich habe eine sehr gute Religion, das Judentum. Ich habe kein Interesse daran, mir eine andere Religion zu suchen."

Er reagierte auch verächtlich auf einen Montrealer Landsmann, den Schriftsteller Mordechai Richler, der die jüdische Gemeinschaft und das Land, das ihn hervorgebracht hatte, ablehnte und 1964 vorschlug, Kanada solle sich in die Vereinigten Staaten eingliedern. Cohen war der Meinung, dass die einzige Kultur, die etwas wert sei, aus der Loyalität zu einer Sprache, einer Gemeinschaft, einem Land entstehe, und dass eine Welt ohne diese Unterschiede unerträglich sei. „Nur Nationalismus bringt Kunst hervor", sagte er. Er war der Meinung, dass das Judentum und Kanada es wert seien, bewahrt zu werden, und dass sie sogar einige Gemeinsamkeiten hätten. „Die Kanadier sind wie die Juden – sie sind ständig dabei, ihre Identität zu begutachten", sagte er. „Wir befinden uns am Rande eines großen Reiches, und das wirft ein ganz besonderes Licht auf die Sache." Cohen ließ sich nicht von seinen Loyalitäten bestimmen. Doch er bewahrte sie.

Ausgerüstet mit diesen komplizierten Bindungen und auf der Flucht vor noch persönlicheren und möglicherweise noch komplizierteren Verstrickungen kam er allein auf dem internationalen Flughafen Ellinikon in Athen an, auf dem Weg nach Tel Aviv.

5.

EINE WUNDE IM JÜDISCHEN KRIEG
Aus Cohens verlorenem Manuskript

Der Flughafen. Eine Beschreibung des Flughafens. Ja, ich erkenne es. Es ist ein Flughafen. Wie schön, wenn man ihn nur mit Worten erkennen kann. Wie real er ist, der Marmor, das Neon, die schlechten Kugelschreiber. Oder ist das die Bank? Nein, es ist der Flughafen.

Es gab noch einen Platz im Flugzeug nach Tel Aviv. Nichts kann mich aufhalten. Mein Blatt hat sich gewendet. Die Mädchen in Uniform lächeln über meinen Flughafen-Stil. Ich hasse es, sie alle zurückzulassen. Dieser Mann ist auf Reisen. Ich bin wieder schlank und entspannt. Ich bräune mich von innen.

Ich stöberte in den Regalen voller Karten und Bücher. Ich kaufte einen Umschlag, füllte ihn mit allen Drachmen, die ich in der Tasche hatte, und schickte ihn mit einem Zettel, der mit „Liebste" begann, zurück auf die Insel. Ohne ihr Einverständnis war meine Freiheit bedroht.

Ich hatte einen Mann gesehen und der Mann mich. Ich hatte gesehen, wie er sich umdrehte und mich beobachtete. Er war jung, dünn, bärtig, leichtfüßig, grau gekleidet, und er schien nicht zu fliegen. Ich hatte gesehen, wie er mich aufmerksam beobachtete, als ich auf dem Marmorboden in einer Marmorecke saß und auf die Flugmeldung wartete. Ich vermutete, dass ich zu alt war, um auf dem Boden zu sitzen, und meine Ledertasche, neben der ich sehr friedlich saß, war ebenfalls zu alt. Meine Tasche war, was einem Hund am nächsten kam. Ich hätte sie streicheln können.

Als ich nun das Postamt am Flughafen verließ, fing dieser Mann mich ab. Er war sehr leichtfüßig und hielt mich nicht auf, sondern lenkte mich um. Er zeigte mir etwas in seiner Brieftasche und erklärte höflich: „Security. Bitte folgen Sie mir." Ich folgte ihm, nicht in ein Büro, wie ich erwartet hatte, sondern in eine Herrentoilette, die nächstgelegene öffentliche Herrentoilette. Ich sagte mir: der Gipfel der Demütigung.

Wir blieben an den Waschbecken stehen. Die Spiegel waren hell. Ein Polizist rasierte sich; an den Pissoirs pinkelte ein weiterer. Es gab keine Zivilisten in dieser Herrentoilette. Ich hoffte, ich würde mich nicht ausziehen müssen. Ich hoffte, mein Mut würde nicht auf die Probe gestellt.

„Reisepass."

„*Amessos.*"

„Wie kommt es, dass Sie Griechisch sprechen?"

„Ich lebe hier. Ich liebe Griechenland."

Müssen wir diese lästige Anekdote ertragen? Sie erhellt nichts. Es ist einfach passiert. Dein Körper wurde nicht mit einem Gummiknüppel auf dem Porzellan zerschlagen. Wer das Ausreißen von zehn Fingernägeln beobachtet hat, nimmt diesen Luxus übel.

„Warum verlässt du uns, Griechenfreund?"

Wir beenden diese Anekdote hier. Sie ist zwar gut gemeint und nicht absichtlich falsch, aber sie ist bereits zu ungenau und platt, um für den Leser oder den Autor von Wert zu sein.

„Ich gehe nach Israel. Der Krieg."

Wir warteten darauf, vor dem Besteigen des Flugzeugs durchsucht zu werden. Ich konnte sehen, dass einige Leute mich erkannt hatten. Niemanden, den ich vögeln wollte, aber einige, die ich nackt anschauen würde, besonders ein Mädchen, dessen Augen mich jetzt ansehen; plötzlich ist sie so freundlich und lieb.

Ihre Namen sind Asher und Margolit. Sie stehen vor mir in der Schlange. Wir haben uns vorgestellt. Sie sagten, sie wüssten, wer ich sei. Holt mich hier raus. Er war ernsthaft, bärtig, muskulös, nervös, blaue fanatische Augen. Er überraschte mich mit den Worten: „Ich würde gerne dein Freund sein, wenn das möglich ist." Verdammt, ich muss diesen Kerl ernst nehmen. Die Städte sind abgeriegelt, es ist schwer, sich zurechtzufinden, möchte ich in dieser Nacht bei den beiden bleiben? Ich danke ihnen. Ich möchte weit weg von ihnen sitzen, damit ich allein sein kann. Margolit übt keinen Druck aus. Sie zählt die Zeit nach ihrer eigenen, etwas langsamen Uhr.

„Hast du ihm deinen anderen Namen gesagt?", fragte Margolit ihn.

„Nein. Ich habe ihm nur den Namen gesagt, den ich habe."

Asher ist Amerikaner, zum Judentum konvertiert, israelischer Staatsbürger und letztes Jahr beschnitten worden. Er hatte also seine Wunde im jüdischen Krieg, er hatte mit erwachsener Sünde und Blut bezahlt, um zu uns zu gehören. Sie steckte in seiner Jeans, aber er trug die Verstümmelung über der Schulter wie einen Seesack, und über seiner Last des Leidens lugte das verrückte Grinsen eines Jesus-Freaks, eines kalifornischen Mystikers, der schreit: Gott ist unsere Geschichte. Das sind Menschen, die an Worte glauben. Hätten wir sie in unsere Bibel schauen lassen sollen? Leute wie ich haben die Bibel geschrieben. Wir haben es aus Bosheit und Verzweiflung getan.

Wir landen in Tel Aviv, Asher meldet sich beim Militär und zeigt ihnen seine Zurückstellung. Er hat Diabetes. Ich bin in meinem Mythos zu Hause, aber ich habe keine Beweise, ich kann nicht darüber diskutieren und ich laufe nicht Gefahr, mir selbst zu glauben. Wir warten auf das Auto eines Freundes. Es ist sehr dunkel. Alle Scheinwerfer sind blau angemalt. Ich spreche kein Hebräisch und genieße mein wohlverdientes Schweigen. Wir fuhren langsam über die dunklen Autobahnen und hörten die Kriegsnachrichten im Radio. Ich bat sie nicht darum, die feierlichen Stimmen zu übersetzen. Ich habe Häuser an verschiedenen Orten, verstehe aber nie deren Sprachen.

Es war zwei Uhr morgens, als wir zum Haus der Eltern von Margolit in Herzliya kamen, einem Vorort von Tel Aviv. Das war das Fenster von Judith, ihrer jüngeren Schwester. Oh, es gibt eine jüngere Schwester. Wir haben Kieselsteine gegen das Fenster geworfen.

Ich stehe am Morgen auf und preise den Herrn, der das Sonnenlicht in die Welt gebracht hat und die Strahlen seines Gestirns auf meine Haut. Ich bin das Heer von tausend Männern, aber er ist eins für immer und ewig. Hier bin ich, lieber Vater. Du schüttest mein Herz in deine Welt aus. Der Schnee in Montreal.

Wir haben Kieselsteine an ihr Fenster geworfen, oder haben wir sie gerufen? Ich lüge dich nie an.

Judith kam herunter und öffnete die Tür. Bitte lass mich in ihr Nachtkleid. Ihre Mutter wachte auf, eine große, hübsche Jüdin aus Finnland. Wir saßen am Esstisch und warteten darauf, dass das Wasser kochte. Judiths Morgenmantel öffnete sich für einen Augenblick, und ihre warmen, verschlafenen Schenkel gaben ein einsames Festmahl preis, das für niemanden bestimmt war, und zogen mit einer Geste unbewussten Anstands einen Vorhang darüber.

Wir Reisenden waren gekommen, um in den Krieg zu ziehen, ein Flugzeug voll mit uns.

Judith und ihre Mutter wussten nicht, wo der Krieg war. Sie wollten sich freiwillig melden, aber bisher hatten sie nur ein paar Tage zuvor in einem Kibbuz Blumen gepflanzt. Es war ziemlich beunruhigend, so unberührt davon zu sein und jede Stunde traurige Nachrichten im Radio zu hören. Trotzdem gingen sie jeden Tag an den Strand. Der Krieg war ganz woanders.

„Bist du gekommen, um für die Truppen zu singen?", fragten sie.

Nein, ich bin gekommen, um die jüngere Schwester zu vernaschen.

„Das hätte ich nicht gedacht", sagte Asher. Er dachte, ich sei aus denselben Gründen gekommen wie er und Margolit. Um da zu sein. Um nicht tatenlos zuzusehen, wie das Blut unserer Brüder vergossen wird. Vielleicht, um sich von den Eitelkeiten des Sängerberufs zu erholen. Mir wird klar, dass weder die Nacht noch ihre Familie Judith und mich verheiraten werden, im Gästezimmer oder hinter dem Haus oder wenn wir uns zufällig auf dem Weg zur Toilette treffen. Ich glaube, ich sage gute Nacht. Vielen Dank für die Gastfreundschaft. Ich selbst mag keine fremden Männer im Haus, aber du stehst offensichtlich auf einer höheren geistigen Stufe als ich. Mir fällt auf, dass Asher von Zeit zu Zeit auf Gott Bezug nimmt. Er hat Hinweise darauf, was Gott von uns will. Wir alle schauen ihn seltsam an, als wollten wir sagen: Dieser Verrückte scheint das alles ernst zu nehmen.

Der Weg zur Bushaltestelle. Allein auf den Bus warten. Der erste Moment ohne Menschen. Nur ich und meine braune Ledertasche. Der unabhängige Beobachter.

Ich checkte im Hotel Gad ein, nachdem ich in einem Bus am Meer entlang fuhr und mich selbst dafür segnete, dass ich allein war und nicht mit dir.[5] Das Hotel Gad in der Hayarkon Street bei Frischman ist ein Bett für Soldaten und Nutten. Mir wurde Zimmer 8 zugeteilt.

Nun war Aleece in dem kleinen Büro anwesend, als ich meinen Namen unterschrieb und meine Zimmernummer angab. Ich wusste nicht, was ihre Funktion war, aber ich wusste, dass sie mit dem Hotel zu tun hatte. Sie hatte etwas Abwesendes und Mechanisches an sich. Beine aus rostfreiem Stahl. Sie waren extrem lang, wohlgeformt, aber schlicht

---

5   Es ist nicht ganz klar, wen Cohen hier und an ähnlichen Stellen adressiert. Wahrscheinlich ist es Suzanne.

und muskulös, und sie ragten über ihre Spitzen hinaus wie das Stahlgerüst einer Brücke. Sie war eine sexuelle Erscheinung. Ich habe ihre Körperöffnungen berührt und in ihre klaren, panischen, blauen Augen gesehen, und ich bin mir nicht sicher, ob sie nicht ein Roboter ist. Ihr Haar war blond und perfekt, aber zu dünn, als hätte sie versäumt, es beim Friseur erneuern zu lassen. Sie sagte, sie sei aus Amsterdam, aber sie beherrschte keine Sprache besonders gut. Sie war nicht das Meisterwerk ihres Erfinders, sondern ein Prototyp, als er von Begierde angetrieben wurde und versuchte, seine ideale sexuelle Fantasie in diese rohe Welt zu setzen. Dies ist eine seltsame Blume in einem kleinen Hotel.

Ich stieg mit dem Schlüssel und meiner braunen Ledertasche die Treppe hinauf und betrat Zimmer Nummer 8. Ich hörte Aleece hinter mir die Treppe hinaufsteigen. Zimmer 8. Mein eigenes Zimmer in einem warmen Land. Ein Bett, ein Tisch, ein Stuhl. Vielleicht könnte ich wieder Dichter werden. Aleece machte Geräusche auf dem Flur. Am späten Nachmittag konnte ich das Meer vor dem Fenster sehen. Ich sollte mir das Meer anschauen, aber ich habe keine Lust dazu. Die innere Stimme sagte, du wirst erst wieder singen, wenn du die Unzucht aufgibst. Entscheide dich. Dies ist ein Ort, an dem du neu beginnen kannst. Aber ich will sie, wuff, wuff. Bitte lass mich sie haben. Wirf dich auf deine Steifheit und nimm deinen Filzstift zur Hand.

Sie macht Geräusche im Korridor
Komm herein
Sie kommt herein
Raus auf den Balkon
Stell dich hinter sie
Sag, lehn dich rüber
Hoch mit ihrem Rock
Sabber in meiner Hand
um sie zu öffnen
Sieh den Sonnenuntergang
über ihrem Haar
Bist du verbunden
mit dem Hotel dem Zimmermädchen
Nein, ich bin derjenige
über den du schreibst
derjenige, der hinuntersegelt

die Säulen des Blutes
vom Hirn zum Isthmus
und sich in deiner unbehausten Hose verliert
Ich bringe mich selbst dazu, wahr zu werden

Wie edel ich mich fühlte, nachdem ich diese Zeilen geschrieben hatte. Aleece war verschwunden. Die Ausstrahlungen meines Schaffens hatten den Korridor leergeräumt.

6.
MYTHISCHE HEIMAT

Tel Aviv war damals nicht das, was es heute ist. Es war weder wohlhabend noch international. Es war eine kleine mediterrane Stadt, die erst vierundsechzig Jahre zuvor gegründet worden war, mit einigen bröckelnden alten Gebäuden, die reizend waren, bevor die Feuchtigkeit und das Salz ihnen zusetzten, und neuen, die von Anfang an hässlich waren. Fast jeder, der über dreißig war, war aus Europa oder der arabischen Welt geflohen, und viele hatten nachts Albträume. Aber die Stadt hatte einen schönen Strand und atmete den Geist der Bohème. Die Schriftsteller und Künstler vertrieben sich die Zeit in Cafés, im Casit, im California oder im Pinati, fünf Blocks von Cohens Hotel entfernt.

Cohen war schon einmal in der Stadt gewesen. Eineinhalb Jahre zuvor, im April 1972, hatte er dort Bekanntschaft mit dem israelischen Publikum gemacht, als er am Ende einer turbulenten Europatournee in einer Sporthalle auftrat. Begleitet wurde er von einer Band, die er „The Army" nannte. Dazu gehörten Bob Johnston, der legendäre Produzent von Bob Dylan und Johnny Cash, als Keyboarder; der Gitarrist Ron Cornelius, mit Sonnenbrille und schlaffem Schnurrbart; und die Backgroundsängerinnen Jennifer Warnes und Donna Washburn in farbenfrohen Röcken und Schals. Das Chaos wurde von einem Team gefilmt, das eine Dokumentation über die Tournee drehte, die Cohen am Ende jedoch missfiel und die er nicht veröffentlichen wollte.

Der Boden bei der Bühne war geräumt worden, um den neuen Polyurethanbelag zu schützen, der auf dem Basketballplatz verlegt worden war. Dadurch wurden die Fans in einem völlig übertriebenen Abstand zu den Künstlern gehalten. Cohen – seine Augen unkonzentriert und seine Stimme undeutlich, ein Hinweis auf die Substanzen, die diese Tour beflügelten – forderte alle auf, näher zu kommen. Sie stürmten auf ihn zu, aber die orangefarbenen Wachmänner begannen, sie zurückzudrängen. Schließlich nahmen sie ihre Fäuste zur Hilfe und das Konzert geriet außer Kontrolle. Cohen flehte die Wachmänner an, aufzuhören, und versuchte, weiterzusingen, musste aber aufgeben. „Es hat keinen Sinn, jetzt einen Krieg zu beginnen", sagte er und verließ mit der verunsicherten Band die Bühne.

Zwei Tage später, in Jerusalem, wurde das letzte Konzert der Tournee 1972 beinahe ein noch größeres Debakel. Der Film zeigt, wie Cohen vor der Show in der Garderobe LSD konsumiert. Das Publikum ist hingerissen, es gibt keine Tumulte. Dieses Mal war es Cohens Schuld. Er verlor nach ein paar Liedern die Konzentration und brach den Auftritt mittendrin ab. The Army war auf ihrer Tournee durch ganz Europa unterwegs gewesen, und es hatte einige schwierige Auftritte gegeben, z. B. in Berlin, wo Cohen ein aufgebrachtes Publikum mit Naziparolen verhöhnte, und einige andere, bei denen die Tontechnik ausfiel. Aber so etwas wie in Jerusalem war noch nie passiert. Zwischen dem Sänger und dem Publikum herrschte eine besondere Atmosphäre. „Ich habe diese Atmosphäre schon einmal gespürt", sagte er anschließend hinter der Bühne, als er versuchte, das Geschehene zu begreifen. „Das war in Montreal. Meine ganze Familie war dort."

Anstatt zu singen, begann er, mit dem Publikum über jüdische Mystik zu sprechen. „In manchen Nächten", sagte er, „erhebt man sich vom Boden, und in manchen Nächten kann man einfach nicht vom Boden aufstehen. Es hat keinen Sinn, das zu leugnen. Und heute Nacht sind wir einfach nicht vom Boden abgehoben. In der Kabbala heißt es" – der uralte mystische Text wurde mit Beifall bedacht, denn in Jerusalem ist das so etwas wie ein Aufruf an die Heimatstadt – „In der Kabbala heißt es, dass man auf dem Boden bleiben sollte, wenn man nicht vom Boden abheben kann. In der Kabbala heißt es, dass Gott nicht auf seinem Thron sitzt, wenn sich Adam und Eva nicht gegenüberstehen. Irgendwie haben sich der männliche und weibliche Teil von mir heute Abend geweigert, einander zu begegnen, und Gott sitzt nicht auf seinem Thron. Und das ist in Jerusalem eine schreckliche Sache." Er ging weg, und jemand ging hinaus, um allen Besuchern ihr Geld zurückzugeben.

Ein anderes Publikum wäre vielleicht gegangen oder hätte sich geärgert. Aber stattdessen begannen die Leute im Saal „Hevenu Shalom Alechem" zu singen, „Wir haben Frieden über euch gebracht". Es ist ein einfaches Lied, das in jeder hebräischen Schule gelehrt wird, nur diese drei Worte, immer und immer wieder. Vielleicht spürten sie, dass dies etwas war, das sie mit Cohen gemeinsam hatten – er gehörte zur Familie, er musste das Lied kennen! Und er kannte das Lied tatsächlich. Das junge Publikum gehörte zu der Altersgruppe, die im folgenden Jahr im Krieg zugrunde gehen sollte. Wenn man sie beobachtet, fragt man sich, wer von ihnen das Ende des Jahres 1973 noch erleben würde. Sie sangen lange. Cohen hörte es aus seiner Garderobe, wo er versuchte, sich zu beruhigen. Schließlich kam er zurück und stand eine Weile einfach nur da und strahlte die singenden Leute an, als könne er es nicht fassen.

Er sang „Hey, That's No Way to Say Goodbye" und „So Long, Marianne", und als die Show endlich zu Ende war, wollte das Publikum immer noch nicht nach Hause gehen. Cohen weinte, die Background-Sängerinnen umarmten sich und weinten – das alles ist im Film zu sehen. Das Publikum bettelte um mehr, aber die Band war überfordert und brach zusammen. Cohen ging zurück nach vorne. „Hört zu, Leute, meine Band und ich weinen alle hinter der Bühne", sagte er. „Wir sind zu kaputt, um weiterzumachen, aber ich wollte euch nur danke sagen und gute Nacht." Er ging zum letzten Mal weg. „Was für ein Publikum", sagte er, „hat man sowas schon gesehen?"

Noch viele Jahre später erinnerte er sich an den Moment, als er auf die Bühne zurückkehrte, um „So Long, Marianne" zu singen, unter dem Gewicht seiner eigenen Geschichte, der jüdischen Geschichte, des LSD und Jerusalems, eines Ortes, der nicht gerade zu Leichtigkeit neigt. „Ich sah Marianne direkt vor mir und fing an zu weinen", erinnert er sich. „Ich drehte mich um und die Band weinte auch. Und dann wurde es im Nachhinein ziemlich komisch: Das ganze Publikum verwandelte sich in einen Juden! Und dieser Jude sagte: ‚Was kannst du mir noch zeigen, Junge? Ich habe schon vieles gesehen, aber das hier bringt mich nicht weiter!' Und das war die gesamte skeptizistische Seite unserer Tradition, nicht nur im Großformat, sondern wahrhaftig manifestiert als ein gigantisches Wesen! Dass ich mich verurteilt habe, beschreibt den Vorgang nur unzureichend. Es war ein Gefühl der Abwertung und der Bedeutungslosigkeit, das ich als authentisch empfand, weil diese Gefühle schon immer in meiner Psyche herumgeisterten: Wo darfst du dich hinstellen und sprechen? Für was und wen? Und wie tief ist deine Erfahrung? Wie bedeutsam ist das, was du zu sagen hast?"

So hat er es dreiundvierzig Jahre später formuliert. Das mag mit dem zu tun haben, was er damals dachte, oder mit etwas anderem. Aber es scheint klar zu sein, dass Cohens Vorstellung von diesem fremden Land als seiner „mythischen Heimat" es verwirrend für ihn machte, hier zu sein. Die Beziehung war stark und zerbrechlich, wie wenn man in jemanden verliebt ist, den man nicht wirklich kennt.

Im folgenden Jahr kehrte er zurück, diesmal allein, ohne dass ihn jemand erwartete, ohne dass er Konzerte spielen musste, in ein Land, das von Angst ergriffen war. Cohen verließ das Hotel und ging vom Strand weg in Richtung eines Cafés, an das er sich erinnerte, in der Hoffnung, eine bestimmte Frau zu finden. An diesem Punkt in seinem Manuskript beschleunigen sich die Ereignisse und zwingen ihn aus den vertrauten und oft trostlosen Konturen seiner inneren Landschaft. Er gibt es auf, eine Erzählung zu verfassen, und beginnt stattdessen, eine Liste zu erstellen.

1. Ich habe meine Kleidung gewechselt.
2. Ich ging den Frischman hinauf zum Café Pinoti, wo ich nach Rochel suchte.[6]
3. Ich ging zurück ins Hotel und wusch mein Hemd. Ich hängte es so auf dem Balkon auf, dass es die schmutzigen Wände nicht berührte.
4. Ich zwang mich, einige Augenblicke lang auf das Meer zu schauen, und versuchte, mich von der heilsamen Wirkung dieser Anstrengung zu überzeugen.
5. Ich ging zu Bett und konnte wegen der Stechmücken schlecht schlafen.
6. Ich war so froh, als es Morgen wurde.
7. Ich ging ins Café Pinoti, um Rochel zu suchen. Ich beschloss, sie nicht zu suchen.
8. Ich fuhr mit dem Bus zum Strand von Herzliya. Ich war so glücklich im Wasser. Ich versprach mir, treu zu sein. Ich beschloss, mir eine Hütte zu suchen und allein an diesem Strand zu leben, ohne jemandem davon zu erzählen.
9. Ich ging zurück ins Hotel. Nachdem ich geduscht und mich umgezogen hatte, ging ich den Frischman hinauf zum leeren Café Pinoti und lief die verdunkelten Straßen auf und ab, um Rochel zu suchen.

---

6 Cohen spricht ein veraltetes Hebräisch, wie es von europäischen Juden in der Synagoge verwendet wird. Wo im modernen Hebräisch ein „a" steht, benutzt er ein „o" – daher „Pinoti" statt „Pinati" und „Rochel" statt „Rachel".

10. Ich sprühte das Zimmer voll und schlief ein.

11. Ich wachte auf und trat in den Sonnenschein. Es war zu früh, um nach Rochel zu suchen. Ich ging ins Café Pinoti, um Kaffee zu trinken und die *Herald Tribune* zu lesen. Mehrere Leute schienen mich zu erkennen.

12. Ich traf eine israelische Sängerin, Ilana Rovina. Sie war gerade aus dem Sinai zurückgekommen. Sie sang an diesem Abend auf einem Luftwaffenstützpunkt, und am nächsten Tag fuhren sie und drei andere Entertainer zurück in den Sinai. Ob ich mich ihnen anschließen möchte?

---

1. I changed my clothes.

2. I walked up Frischman to the Cafe Pinoti, where I looked for Rochel.

3. I went back to the Hotel and washed my shirt. I found a place to hang it on the balcony where it would not flap against the dirty walls.

4. I forced myself to look at the Sea for some moments, trying to convince myself of the salutary effects of this effort.

5. I went to bed and slept badly because of the mosquitoes.

6. I was so happy when it was the morning.

7. I went to the Cafe Pinoti, looking for Rochel. I decided not to look for her.

8. I took a bus to the beach at Herzlia. I was so happy in the water. I promised myself to be faithful. I decided to find a shack and live by myself on this beach, not telling anyone.

9. I went back to the Hotel. After I had showered and changed I walked up Frischman to the empty Cafe Pinoti and up and down the black-out streets looking for Rochel.

10. I sprayed the room and went to sleep.

11. I woke up and got into the sunshine. It was too early to look for Rochel. I went to the Cafe Pinoti to drink coffee and read the Herald Tribune. Several people seemed to recognize me.

7.

NOCH MAL ANFANGEN

Die Frau, die er suchte, war Rachel Teri, eine schöne Volleyballspielerin und Flugbegleiterin aus einer jemenitischen Familie. Sie hatten sich im Jahr zuvor auf einer Party in der Nähe von Tel Aviv kennen gelernt. Jahre später erzählte sie einem Journalisten von ihrer Begegnung: Jemand habe gesagt, Leonard Cohen würde da sein, aber sie habe nicht gewusst, wer das war. „Plötzlich kam sein Manager auf mich zu und sagte, Leonard wolle mich treffen", erzählte sie. „Ich sagte: ‚Machst du Witze?' Der Freund, mit dem ich gekommen war, sagte: ‚Geh, was ist schon dabei?' Also ging ich mit dem Manager, der mich in einen kleinen Raum brachte. Leonard saß dort auf dem Boden. Es gab einen Stuhl und er lud mich ein, mich zu setzen. Dann sagte er: ‚Ich möchte nur, dass du mir sagst, ja oder nein.' Das war alles."

Sie sagte ja, und die israelische Boulevardpresse, die sich für Cohen und die Menschen in seinem Umfeld interessierte, fotografierte die beiden ein paar Mal. Amerikanische Berühmtheiten tauchten in jenen Tagen gelegentlich auf: Dylan kam etwa zur gleichen Zeit in aller Stille, und Leonard Bernstein kam – allerdings viel weniger still und leise – mit einem Filmteam. Tel Aviv war ein Provinznest, und jeder internationale Star erregte Aufmerksamkeit.

Cohen traf an diesem Tag nicht auf Rachel. Aber als er sich ins Café Pinati setzte, war die Chance groß, dass er erkannt werden würde. Es gibt mehrere Versionen der nun folgenden Geschichte, die leicht voneinander abweichen. In Cohens Erzählung war die zentrale Figur die Sängerin Ilana Rovina, das Produkt einer skandalösen Affäre, die drei Jahrzehnte zuvor zwischen einer der größten israelischen Schauspielerinnen und einem der größten israelischen Dichter stattgefunden hatte. In Cohens Manuskript wird niemand außer ihr im Café erwähnt, doch Rovina war mit Oshik Levi zusammen, einem zottelhaarigen Balladensänger, der damals auf dem Höhepunkt seiner Karriere war. Nach dem Sechstagekrieg, als der Westen aufgrund eigener schuldbeladener Verstrickungen kurzzeitig in die Israelis vernarrt war, tourte Oshik im Rahmen einer israelischen Volksmusik-Revue durch ausverkaufte Hallen in Europa und Amerika. In Paris kam jeder, der etwas auf sich hielt – Yves Montagne, Charles Aznavour, Serge Gainsbourg. „Damals waren wir", erzählte mir Oshik und wechselte ins Englische, „de izraeli hero". So lernte er die Welt kennen. Er war in einem Israel aufgewachsen, in dem noch die strengen sozialistischen Sittenwächter das Sagen hatten. Sie ließen die Beatles nicht auftreten, weil sie die Jugend hätten verderben können. Jahrelang musste man den jordanischen Sender Radio Ramallah einschalten, um Rock 'n' Roll zu hören. Auf der israelischen Heldentournee sangen sie also die alte Volksmusik, die sie selbst nicht mehr hören wollten, und dann ging er zu Hendrix oder den Stones. Er wusste, wer Leonard Cohen war.

In Rovinas Bericht über das Treffen im Café drehte sich Oshik zu ihr um und sagte: „Der Typ, der da drüben alleine sitzt, sieht aus wie Leonard Cohen."

„Das hättest du wohl gerne", antwortete sie.

Oshik sagte: „Ich meine es ernst, es ist Leonard Cohen", und ging hinüber, um es ihr zu beweisen.

„Wir luden ihn ein, sich zu uns zu setzen", erinnert sich Rovina. „Wir sagten, wir seien Sänger, und fragten ihn, was er in Israel mache. Er sagte: ,Ich habe gehört, dass es einen Krieg gibt, also bin ich gekommen, um mich als Freiwilliger für die Erntearbeit in den Kibbuzim zu melden und ein paar Jungs zum Kampf freizustellen.' Wir sagten ihm, dass es im Moment keine Ernte gebe, und schlugen ihm vor, mit uns Konzerte zu spielen. Er sagte, er sei Pazifist." Rovina irrte sich wahrscheinlich, als sie Cohen so bezeichnete, oder sie benutzte dieses Wort einfach in einem weiten Sinn, um zu sagen, dass er Gewalt ablehnte. Cohen hat sich nie als Pazifist bezeichnet. Auf jeden Fall versicherte sie ihm: „Wir kämpfen nicht, wir spielen nur Musik."

Nach Rovinas Erinnerung saßen noch zwei weitere Personen mit am Tisch. Der eine war Matti Caspi, ein introvertiertes Genie, das heute als einer der besten Musiker Israels gilt, aber damals gerade mal dreiundzwanzig Jahre alt war und erst anfing, sich einen Namen zu machen. Der andere war Pupik Arnon, ein Komiker und gelegentlicher Sänger, dessen richtiger Name Mordechai war. Als untersetzter Junge hatte er in der Schule den Spitznamen Pupik bekommen, was „Bauchnabel" bedeutet. Pupik spielte die Hauptrolle in einigen der beliebtesten israelischen Filme jener Jahre. Nach eigenen Angaben war er ständig high. Als ich ihn kennenlernte, war er ein ultraorthodoxer Rabbiner. Pupik konnte sich nicht daran erinnern, beim ersten Treffen mit Cohen im Café gewesen zu sein, und glaubt, dass er und Matti Caspi erst danach dazukamen.

Nach Oshiks Erinnerung war er allein im Café. Die Kunden tranken Kaffee und aßen Croissants, erinnert er sich, obwohl einige Autostunden entfernt Soldaten starben. Tel Aviv war schon immer eine Blase. Kampfsoldaten sprechen mit Verachtung darüber und träumen gleichzeitig davon, dorthin zurückzukehren. Oshik erinnerte sich daran, wie er zu Cohen ging und sich ihm vorstellte. Cohen sagte: „Ich habe gehört, dass ihr in Schwierigkeiten steckt, und ich bin gekommen, um in einem Kibbuz zu arbeiten."

„Ich sagte ihm, er solle kommen und Musik machen", erinnert sich Oshik. „Cohen entgegnete: ‚Hör mal, meine Lieder sind melancholisch, ‚Bird on the Wire' und so weiter, ich werde sie bloß depressiv machen.' Ich sagte: ‚Das ist in Ordnung, komm einfach mit.'"

Unabhängig von der genauen Besetzung des Treffens im Café wurde Cohen dort in das improvisierte Musikkorps aufgenommen, das die israelische Armee seit dem Unabhängigkeitskrieg von 1948 in jede Schlacht begleitet. Wenn die Kämpfe beginnen, tauchen die Sänger des Landes auf, um zu spielen – es wird als Pflicht eines erfolgreichen Musikers angesehen, als eine Art Steuer, die man dafür zahlt, dass man nicht selbst kämpft. Die Kunst, die Künstler und die Armee sind miteinander verwoben. Einige Sänger waren früher selbst Kampfsoldaten. Viele, wie Oshik und Pupik, sind durch die militärischen Unterhaltungsgruppen aufgestiegen, die sowohl bei Soldaten als auch bei Zivilisten beliebt sind. Diese Gruppe lieferte einen Großteil von Israels Soundtrack – peppig, parolenstark, akkordeonlastig – bis 1973, als der Krieg dem Genre und dem Akkordeon den Garaus machte.

Einer der Klassiker dieser israelischen Mischung aus Militär und Musical entstand auf dem Höhepunkt des Krieges von 1948, als ein Komponist in Tel Aviv eine Melodie für ein Lied mit dem Titel „Die letzte Schlacht" schrieb. Der Text stammte von einem Dichter, der selbst im Krieg diente. Die Sängerin Shoshana Damari lernte die Melodie zwischen zwei Aufführungen im Li-La-Lu-Theater, und nach der zweiten Aufführung tauchte jemand auf, der ihr atemlos von einer Gruppe von

Soldaten erzählte, die in einem nahe gelegenen Café eine letzte Mahlzeit einnahmen, bevor sie zum Kampf gegen die ägyptischen Invasionstruppen in der Negev-Wüste aufbrachen. Ob sie für sie singen könnte? Sie lief in das Café und sang das neue Lied, dessen Text eine Vorahnung des Untergangs oder eine Hoffnung auf Frieden sein konnte: „Wer weiß, Schwester, ob wir zu dir zurückkehren werden? Vielleicht ist diese Schlacht die letzte ..." Die Soldaten waren auf dem Weg zu einem Ort, der als „Falluja Pocket" berüchtigt wurde, und für sieben von ihnen war es die letzte Schlacht.

Als Cohen seine neuen Freunde im Café traf, waren bereits Dutzende von Musikern in Hubschraubern und Herkules-Transportern, in alten Bussen oder in ihren Privatwagen, wie Oshiks Ford Falcon, auf dem Weg zur Front. Nachdem Cohen zugestimmt hatte, mitzukommen, bemerkte er, dass er gar keine Gitarre besaß.

Dieses merkwürdige Detail wirft eine wichtige Frage auf: Was genau hatte Cohen vorgehabt, in Israel zu tun? Wenn er keine Gitarre dabei hatte, wollte er offenbar nicht auftreten. Die Tradition, dass israelische Musiker den Truppen folgen, war ihm aller Wahrscheinlichkeit nach nicht bekannt. Wie aus seinen öffentlichen Äußerungen hervorging, war er an seinen Liedern verzweifelt und wollte sich zurückziehen. Er wollte „die Klappe halten". Deshalb kam er wahrscheinlich mit leeren Händen und ohne Vorankündigung. Er reiste nicht nach Israel als der Künstler Leonard Cohen. Vielleicht war er sich nicht sicher, ob er das überhaupt noch war.

Cohens Manuskript über den Krieg wirft mehr Fragen auf, als es beantwortet. Er ist nicht bereit, direkt zu erklären, was er gedacht hat. Da gibt es die Zeile über das „Aufhalten der ägyptischen Kugel", die heroisch klingt, und im Laufe der Jahre gab es einige Andeutungen, dass er hätte kämpfen wollen. Es ist jedoch schwer, das ernst zu nehmen. Cohen war nicht so dumm zu glauben, man könne in einem Krieg aufkreuzen, eine Waffe bekommen und losziehen, um eine Kugel aufzuhalten. Falls er überhaupt einen wirklichen Plan hatte, kann man sich an das halten, was er den Musikern im Café gesagt hatte: dass er in einem Kibbuz arbeiten wollte. Viele westliche Freiwillige hatten dies im Krieg von 1967 getan, um für die Arbeiter einzuspringen, die an der Front im Einsatz waren.

Die Frage, warum er wirklich gekommen ist, ist eine andere und folgenreichere als die Frage, was er zu tun gedachte. Auch hier gibt uns

Cohen nur wenige Anhaltspunkte. Aber es gibt einen wichtigen, der in seiner Beschreibung der Begegnung mit Aleece im Hotel verborgen ist, als er in Zimmer 8 ist und sie vor der Tür steht und darauf wartet, hereinzukommen. „Die innere Stimme sagte: Du wirst nur wieder singen, wenn du die Unzucht aufgibst. Wähle", sagt er sich. „Dies ist ein Ort, an dem du neu beginnen kannst." Diese Motivation wirkt umso authentischer, als sie nicht als dramatische Absichtserklärung präsentiert wird, sondern als Nebenbemerkung in einer Geschichte über etwas ganz anderes. Cohen war auf der Suche nach einem Ausweg aus einer Sackgasse. Wir wissen, dass er 1973 nicht wirklich aufgegeben hatte. Er suchte nach einem Weg, wieder zu singen, und war vielleicht auf der Suche nach dem, was er einen „vertikalen Anfall" nannte, eine Offenbarung, wie sie die Israeliten vor langer Zeit am Sinai erlebt hatten. Dies war der Ort, an dem auch er sie erleben könnte.

Nachdem die Musiker das Café verlassen hatten, rief einer von ihnen einen Offizier der Luftwaffe an. Diese büßte gerade Flugzeuge und Piloten in einem so schockierenden Ausmaß ein, dass es vor der Öffentlichkeit geheim gehalten wurde. Trotzdem fand irgendjemand dort Zeit, für Leonard Cohen eine Gitarre zu besorgen. Keiner der Künstler hatte eine Ahnung, wie schlimm die Lage war und worauf sie sich einließen. Cohen kletterte in den Ford Falcon und machte sich auf den Weg, um den Krieg zu finden.

8.

WER DURCH WASSER

Es waren so viele Flugzeuge am Himmel, dass ein Pilot berichtet, er habe sich an die großen alliierten Luftangriffe im Zweiten Weltkrieg erinnert gefühlt. Die erste Welle bestand aus Skyhawks, die erst über die trockenen Hügel Nordisraels flogen, dann über das blaue Oval des Sees von Galiläa und schließlich in die Todeszone über den Golanhöhen.

Vom Boden aus waren es winzige Metalldreiecke, die über das Gebiet hinwegzogen. Schatten, die über den eigenen Panzer huschten. In einer Skyhawk sah man die Ziffernblätter, Knöpfe und Lichter, das Kreuz des Visiers, den Sauerstoffschlauch. Das Flugzeug hatte ein hässliches, aber effizientes amerikanisches Cockpit. Nicht wie die französischen Maschinen, die die Luftwaffe früher flog, in denen man hoch über dem Rumpf schwebte und die Flügel elegant hinter sich ausgebreitet sah. Die Piloten bezeichneten die Flugzeugteile immer noch gerne auf Französisch, die Treibstofftanks nannten sie zum Beispiel „bidonnes". Es gibt eine Theorie – ich habe sie von Ofer Gavish gehört, einem Phantom-Piloten aus dem Jahr 1973, später fleischgewordenes Archiv israelischer Musikgeschichte –, der zufolge das Liedgut eines Landes derselben Quelle entstamme wie seine Waffen. Bei der Gründung des Staates, als die Waffen meist tschechisch und deren Geist kommunistisch waren, kamen die Lieder aus Russland. Als die Luftwaffe begann, Mirages und Mystères zu fliegen, besuchten die bedeutenden israelischen Sänger und Künstler Paris und brachten Piaf, Moustaki und übersetzte Chansons mit. Dann kamen die späten sechziger Jahre, als die Franzosen statt den Juden lieber die Araber belieferten und die Waffen mit dem Rock 'n' Roll aus Amerika kamen.

Tief unter den Piloten war der Golanhang mit den schwarzen Flecken der syrischen Panzer bedeckt, die ungehindert in israelisches Gebiet eindrangen. Der Krieg am Boden war eine andere Welt als der in der Luft, aber der schwarze Rauch, der vom Schlachtfeld aufstieg, erreichte die luftige Höhe, in der die Piloten arbeiteten, und verdunkelte die ganze Gegend.

Unten war das Ausmaß des Scheiterns schon in den ersten Stunden der Kämpfe deutlich geworden. Ganze Einheiten waren ausgelöscht. In der Luft jedoch war die Selbstüberschätzung der Piloten zwar angekratzt, aber noch nicht gebrochen. Die Helden in den grünen Fluganzügen waren dazu auserkoren, zu gewinnen, wie schon sechs Jahre zuvor. Aber dies war ein neuer Krieg, und der Feind hatte neue Raketen von seinen russischen Gönnern, dieselben, die Tom Wolfe beschrieben hatte, als er einige Jahre zuvor über den Luftkrieg in Nordvietnam schrieb. Die SAMs seien wie „fliegende Telefonmasten", so Wolfe. Sie stiegen in Gruppen von sechs oder acht Stück empor und drehten sich um, sie verfolgten einen, wenn man versuchte, wegzukommen: „Die SAMs kommen hoch und die Jungs gehen runter."

Der Flug an diesem Morgen, dem zweiten Tag des Krieges, war ein choreografierter Plan, bekannt als „Modell 5". Die Idee war, die syrischen Raketenbatterien auf dem Golan zu zerstören, damit die israelischen Jets den Infanteristen und Panzern unten auf der Hochebene helfen konnten, die verzweifelt auf Unterstützung aus der Luft warteten. Einige der Flugzeuge starteten vom Luftwaffenstützpunkt Ramat David im Norden Israels. Von dort aus war es – wenn die Maschine mit Bomben beladen und langsam war – ein siebenminütiger Flug bis zum Krieg auf dem Golan. Ofer, der Phantom-Pilot, der später Musikhistoriker wurde, befand sich auf dem Stützpunkt, war aber anfangs noch zu unerfahren, um einen echten Einsatz zu fliegen. Er war einundzwanzig und hatte die Flugschule erst vor ein paar Monaten verlassen. Er bereitete Karten für die erfahrenen Piloten vor, hielt sich im Einsatzraum auf und hörte die Funkgeräte ab.

Am Tag zuvor war er wegen Jom Kippur zu Hause in seinem Kibbuz gewesen. Damals feierten viele der bekennenden Atheisten der Kibbuz-Bewegung den Fastentag nicht nur mit einem Grillfest, sondern mit Schweinefleisch, um ihre Freiheit von Gott und dem jüdischen Schicksal zu zelebrieren. Diese Praxis sollte sich ändern – eines von vielen Dingen, die sich ändern sollten, als der Krieg deutlich machte, dass niemand von irgendetwas frei war. Als der Anruf von der Staffel kam und Ofer zurück zum Stützpunkt eilte, war das Erste, was er sah, ein altgedienter Pilot mit Kippa, der den Koch der Staffel um ein großes Steak bat. Der Navigator hatte einen der ersten verzweifelten Einsätze des

Krieges geflogen, während er noch fastete, und war in der Luft fast in Ohnmacht gefallen. Der religiöse Jude, der an Jom Kippur um ein Steak bat, war einer von Ofers ersten Hinweisen darauf, wie schlimm die Lage sein musste. Der Navigator mit der Kippa überlebte die Woche nicht.

Die Flugzeuge von „Modell 5" wurden am nächsten Tag um 11 Uhr losgeschickt, um die Lage an der syrischen Front zu wenden. Ofer konnte es nur vom Stützpunkt aus hören. Zunächst herrschte Funkstille. Es war schwer, sich vorzustellen, was in der Luft vor sich ging. Einige seiner Freunde, die frisch von der Flugschule kamen, waren in heller Aufregung und setzten sich bei den Kommandanten dafür ein, in den Dienstplan aufgenommen zu werden. Ofer hingegen war erleichtert, am Boden zu bleiben. Er war nicht erpicht darauf, zu sterben, schon gar nicht in einem Flugzeug. Wenn man ihn heute trifft, kann man sich unmöglich vorstellen, dass er jemals in der Nähe der Kampfjets tätig war. Er ist ein zierlicher Großvater, der mit einer Akustikgitarre Reisegruppen durch Israel führt.

Es dauerte nicht lange, bis eine Staffel Phantoms unter der Führung eines Piloten namens Henkin einflog. Sie kamen im Tiefflug, um das feindliche Radar zu umgehen, gingen in einen steilen Steigflug über, drehten nach unten und stürzten sich auf die Batterien. Alles war auf den Fuß, auf die Sekunde, auf den Grad des Steig- und Sturzfluges hin exakt berechnet worden, und zwar auf der Grundlage von Luftaufnahmen, die genau zeigten, wo die Batterien lagen. Aber die Syrer waren nicht dumm und hatten sie über Nacht verschoben. Henkin, so hieß es, habe eine große Zukunft vor sich gehabt. Auf dem Sitz hinter ihm saß ein Navigator namens Levi. Die beiden befanden sich bereits im Sturzflug, der Motor heulte auf und das Flugzeug wackelte, als Henkin begriff, dass sein Ziel nicht mehr da war. Er korrigierte, aber nun war der Winkel des Sturzfluges steiler als geplant, zu steil. So jedenfalls interpretierten es die anderen Piloten. Keiner weiß es wirklich.

Ofer befand sich im Einsatzraum, als der Geschwaderkommandant seine Piloten aufforderte, ihre Ergebnisse zu melden. Jemand sagte: „Nummer 1 ist neben den Zielen eingeschlagen."

Der Kommandeur sagte: „Ich höre, dass Nummer 1 in der Nähe der Ziele angegriffen hat?"

„Nein", sagte die Stimme. „Er ist neben den Zielen in den Boden gegangen." Der Kommandant wollte nicht glauben, was er da hörte.

Woran sich die Piloten mehr als an alles andere zu erinnern scheinen, sind die Übergänge. Sie waren im Mannschaftsraum, einer Art Männerparadies mit Sesseln, Whisky, einem Plattenspieler und Soldatinnen, von denen sie gleichermaßen angebetet und bemitleidet wurden. Es gab Köche, die von Hotels und Kreuzfahrtschiffen einberufen worden waren, um sie zu versorgen, und professionelle Masseure, die an Tischtennisplatten arbeiteten. Dann kam der Befehl und sie rannten hinaus auf die Rollbahn. Sie kletterten die Leiter zu ihrem Cockpit hinauf und saßen schwitzend in Helm und Anzug. Innerhalb weniger Minuten flogen Telefonmasten und weiße Teppiche aus Kanonengeschossen durch die Luft, und ihre Freunde explodierten oder sprangen mit dem Fallschirm über ägyptischen Feldern ab, um von Dorfbewohnern mit Mistgabeln aufgespießt oder zur Folter verschleppt zu werden. Wenn man es geschafft hatte, saß man dreißig Minuten nach dem Start wieder an der Tischtennisplatte und wurde eingeölt. Dann gab es nur noch schwarzen Humor, Poker und die besten Bands des Landes, die gleich nach Kriegsbeginn am Stützpunkt auftauchten – eine hippe neue Band namens Beehive, eine Drei-Frauen-Band namens Chocolate, Mint & Gum, zu der auch Yardena Arazi gehörte, die als schönste Frau Israels bekannt war. Dann schnallte man sich an und flog wieder raus. Einer der Piloten verglich das mit „dreimal am Tag ein Stück Metall zum Glühen bringen und abkühlen".

Auf den Fotos grinsen natürlich alle. Sie sind jung und unbeeindruckt, das Brusthaar quillt aus den geöffneten Fluganzügen; die älteren Reservisten tragen Schnurrbärte und Koteletten, Spitznamen wie Rhino und Wild Bull, und sie sehen weniger wie adrette amerikanische Luftstreitkräfte aus als wie der militärische Flügel von Creedence Clearwater Revival. Der Stützpunkt in Ramat David war eine seltsame kleine Welt, die unter starkem psychologischen Druck stand. Die ganze Show wurde von einem Offizier geleitet, den alle Zorik nannten. Er war der Kommandant des Stützpunkts, ein drahtiger Oberst, der jedes Flugzeug fliegen konnte und dessen Führungsstil eher sympathisch als bedrohlich war.

Eines Abends in der ersten Woche schlief ein Skyhawk-Pilot namens Momo auf dem Stützpunkt. Er war aus Ofers Flugschulklasse, also ebenfalls zu unerfahren für den Kampfeinsatz. Einer der erfahrenen Piloten, einberufen aus dem Zivilleben, war ein Mann namens Diamant, fünfundzwanzig Jahre alt, der an der Universität studierte und mit seinem Vater auf dem Bau arbeitete. Er hatte einen kleinen Sohn und eine Tochter. Diamant zog sich gerade in seinem Quartier um, als eine syrische Rakete in der Nähe einschlug und ihn tötete. Momo hörte die Explosion und kroch unter sein Bett, krabbelte aber wieder heraus, als ihm klar wurde, dass das Bett wahrscheinlich wenig Schutz bieten würde. Ein paar Stunden später bekam Momo seine Chance zu fliegen.

Noch vor dem Morgengrauen befand er sich mit zwei anderen Piloten im Besprechungsraum und bereitete sich auf einen Bombenangriff auf Port Said an der Nordspitze des Suezkanals vor. Nummer 1 der Staffel war Vilan, einer der erfahrensten Männer des Geschwaders. Der junge Momo würde Nummer 3 sein. Er war überrascht, als er erfuhr, dass Nummer 2 Oberst Zorik selbst sein würde, der seit Kriegsbeginn zwar kaum geschlafen hatte, aber wusste, dass seine Männer verunsichert waren, und darauf bestand, an der ersten Mission des Tages teilzunehmen, um die Moral zu heben.

Momo kletterte die Sprossen des Skyhawk hinauf und schlüpfte hinein. Die Kabinenhaube schloss sich. Im Dunkeln folgte er den beiden älteren Piloten in gerader Linie die Küste hinunter nach Ägypten, wobei er sich an den Boden anschmiegte, um den Raketen auszuweichen. Bei Tagesanbruch war er über dem Sinai und näherte sich einer Lagune an der Mittelmeerküste, die sich offenbar rosa gefärbt hatte. Er flog näher heran. Die Flamingos waren auf Wanderschaft, und in der Morgendämmerung ruhten Tausende dieser Vögel auf dem Wasser.

Die drei Flugzeuge drehten ins Landesinnere ab. Der junge Pilot sah, dass die Straßen im nördlichen Sinai mit israelischen Fahrzeugen verstopft waren, von denen einige im Sand stecken geblieben waren. Sie glitten über die Lagunen in Richtung Port Said und zogen in etwa zwei Meilen Entfernung zum Angriff heran, wobei sie in der Luft Position einnahmen – zuerst Vilan, dann Oberst Zorik, dann Momo im Flugzeug mit der Nummer 3, was die schlimmste Aufgabe war, denn die ersten beiden konnten die ägyptischen Kanoniere überraschen, aber wenn er auftauchte, würden sie ihn bereits erwarten.

Vilans Flugzeug schoss in den Himmel und warf seine Bomben ab. Die Kanoniere schliefen noch. Dann kam Oberst Zorik, und jetzt sah Momo, wie aus Port Said reihenweise Granaten aufstiegen und Tausende von Kugeln auf ihn zukamen, abgefeuert von der Infanterie dort unten im Sand – er konnte die Männer nicht sehen, nur die Leuchtspuren im Dämmerlicht. Er flog in eine weiße Wolke aus Granatenrauch hinein, und es blieb ihm nichts anderes übrig, als sie zu ignorieren. Er konzentrierte sich auf den Aufziehpunkt, den Winkel und die Geschwindigkeit seines Aufstiegs, die Kraft, die seinen Körper in den Sitz drückte, den leichten Ruck beim Abwurf der Bombe, und schon war er weg. Er sah die Blitze der leichten Waffen, die vom Riff nahe eines belagerten israelischen Außenpostens namens Budapest kamen. Jeder ägyptische Fußsoldat in der Nähe schoss auf ihn, aber er erinnert sich nicht, Angst verspürt zu haben, nur Wut. „Ich war wütend, dass sie versuchten, mich zu töten", sagte er. „Wer waren diese Hurensöhne, die es wagten, auf mich zu schießen?" Er tauchte mit seinem Maschinengewehr ab, beschoss sie einmal, drehte sich dann um und feuerte noch einmal. Er hatte seine gesamte Munition verschossen, als er Nummer 1 über Funk rufen hörte: „Hochziehen! Hochziehen!"

Momo hob den Kopf und blickte auf das Meer hinaus. Er sah, wie das Flugzeug von Oberst Zorik, der die Truppenmoral befeuern wollte, auf die Oberfläche des Mittelmeers zusteuerte und über das Wasser glitt. Es war nicht klar, was geschah, und Zorik sagte kein Wort über Funk, er verschwand einfach in einem weißen Schaumkreis im Meer und niemand hat ihn je gefunden. Wenn man auf einem Luftwaffenstützpunkt Musik machte, bestand das Publikum aus Leuten, die gerade so etwas erlebt hatten.

9.

EIN SCHUTZSCHILD
GEGEN DEN FEIND

Da die Armee anscheinend keine Aufzeichnungen über Cohens Tournee geführt hat und Cohen selbst kein detailliertes Tagebuch schrieb, ist es schwierig, die genauen Daten der Konzerte herauszufinden. Wir verfügen über undatierte Fotos und Cohens Punkteliste sowie über die Berichte von Leuten, die sich daran erinnern, ihn „früh" oder „spät" während der Kämpfe gesehen zu haben. Wir wissen, dass die Konzerte stattfanden, aber wir wissen selten, wann genau. Es ist immerhin möglich, eine grobe Reihenfolge festzulegen. Da Oshik Kontakte in der Luftwaffe hatte, begann die improvisierte Band dort, und zwar weit weg von der Front auf einem Flugplatz namens Hatzor, der nur ein oder zwei Stunden von Tel Aviv entfernt lag.

Ofer und Momo, der unerfahrene Navigator und der Pilot, die gerade ihren Kommandanten auf dem nördlichen Luftwaffenstützpunkt Ramat David verloren hatten, hatten auf diesem anderen Stützpunkt einen Freund, der Moshe hieß, den aber alle mit einem Mädchennamen ansprachen: Shoshi. Er flog eine Super Mystère, ein altes französisches Flugzeug, das gerade ausgemustert wurde. Es hatte kein Radar, und das Bombenzielgerät war nur ein einfaches, auf Glas projiziertes Kreuz. Die benachbarte 201. Phantom-Staffel war von allen Staffeln im Krieg am stärksten getroffen worden, und die Liste der vermissten Piloten auf dem Stützpunkt wurde immer länger. Shoshi hatte die SAMs in der Luft explodieren sehen. Er hatte bereits gehört, dass zwei junge Leute aus seinem Kibbuz in ihren Panzern getötet worden waren.

Bei einem Einsatz über Suez patrouillierte sein Freund Hagai, ein Künstler, in sechstausend Metern Höhe und hielt Ausschau nach SAMs, die aus dem Wüstenboden aufstiegen, während Shoshi die Ägypter im Sturzflug bombardierte. Diese Taktik hatten die Piloten entwickelt, um

das Fehlen von Warnsystemen in ihren alten Flugzeugen auszuglei-
chen. Shoshi setzte zum Sturzflug auf eine ägyptische Invasionsbrücke
an, warf seine Bomben ab und hatte sich schon wieder entfernt, als
jemand über Funk sagte: „Nummer 3 ist getroffen." Nummer 3 war
Hagai. Es war kein Fallschirm zu sehen, keine Flugzeugtrümmer,
nichts. Er war einfach weg.

Ein paar Minuten vergingen, vielleicht auch weniger, das ist im Nachhinein schwer zu sagen. Er konnte kaum begreifen, dass jemand, den er
kannte, einfach weg war – von einem Augenblick auf den anderen. Eine
körperlose Stimme meldete sich auf der Notruffrequenz. Es war Hagai,
zurück von den Toten, der in das tragbare Funkgerät sprach, das an seinem Fluganzug befestigt war. Er schwebte weit über ihnen mit seinem
Fallschirm in sechstausend Metern Höhe – er befand sich im Himmel
über den Flugzeugen, über der Wüste und dem Kanal, und schaute wie
Gott selbst auf den ganzen Krieg herab. Es war eine Zeit der Wunder.

Da die primitiven französischen Flugzeuge nachts nicht viel aus-
richten konnten, vertrieben sich die Piloten bei Einbruch der Dunkelheit die Zeit am Boden. So auch Shoshi, als jemand aus dem Nichts
kam und sagte, Leonard Cohen sei im Kino am Stützpunkt. Es kam ihm
vor, als hätte ihm jemand von einer UFO-Landung berichtet. Was hatte
Leonard Cohen hier zu suchen?

Shoshi kannte Cohens Lieder, weil er sie mit Freunden in seinem
Kibbuz im Süden Israels aus Lautsprechern hörte, während sie es sich
auf einer Wiese gemütlich machten – „Suzanne", „Bird on the Wire". Er
spielte sie in romantischer Absicht auch den Mädchen vor. Aber es
waren Übertragungen aus der großen Welt, nicht von hier. Er ging mit
einem Freund zum Kino hinüber, in dem schon ein paar hundert
Leuten von den Luft- und Bodentruppen des Stützpunkts versammelt
waren. Cohen war wirklich da. Er sang bereits.

Dieses erste Konzert ist dasjenige, an das sich Oshik am besten erinnert. Zu Beginn spielte er seine eigenen Hits, die alle Soldaten aus
dem Radio kannten. Dann führte er mit Pupik einige komische Sketche
auf. Eine Aufnahme, die Pupik um diese Zeit herum machte, zeigt, dass
jene hauptsächlich aus lustigen Stimmen, ethnischen Akzenten und
Armeewitzen bestanden. In der Aufnahme spielt Pupik einen höheren
Offizier, der einen verwirrten neuen Rekruten auf der Wache überrascht. Rekrut, mit Gewehr: „Sie sagten, ich solle Wache halten – woher
soll ich wissen, wie man Wache hält? Ich weiß nicht, wie man das Ding

bedient, wo ist die Kupplung?" Pupik, streng: „Bist du die Patrouille?"
Rekrut: „Nein, Sir, ich bin Moshe." Danach stand der junge Matti Caspi
auf und spielte seine Lieder, wobei er die Menge mit seinem hinter-
gründig-verwegenen Lächeln und den glasigen Augen unter dem locki-
gen Haar anstarrte. Dann kam Leonard Cohen heraus. „Das Publikum
drehte durch", sagte Oshik. „Sie konnten es nicht glauben."

Matti Caspi begleitete Cohen auf der Gitarre. Diese Kombination
war nicht ohne Spannungen, denn Cohen verwendete täuschend ein-
fache Akkorde, während Caspi einen kunstvolleren Stil pflegte. Als der
Israeli anfing, Cohens Song weiterzuentwickeln und ihn in eine eigene
Richtung zu lenken, so Oshik, machte Cohen ein überraschtes Gesicht
und das Publikum brach in Gelächter aus. Als die Show zu Ende war,
kam ein Kulturoffizier der Luftwaffe zu ihnen und bat sie, noch einmal
für die Soldaten zu spielen, die nicht reinkommen konnten.

In der Pause vor dem zweiten Auftritt ging der Fliegerhorst Hatzor
in die Musikgeschichte ein. Damals, am ersten Tag der Kriegstournee,
schrieb Cohen ein Lied. Davon zeugt das orangefarbene Notizbuch, das
er bei sich trug, mit einer Kritzelei von drei altmodischen Schlüsseln
auf dem hinteren Einband. Darin befinden sich Skizzen, halbe
Gedanken und ein paar Entwürfe von Liedern und Gedichten. Auf der
ersten Seite steht:

HYDRA OKTOBER 1973
Wie schön, völlig bankrott zu sein

Dann, auf der nächsten Seite:

TEL AVIV
wer was spricht
aus dem Fell auf dem Grund des Meeres

Und dann ein ganzes Gedicht, das beginnt (und der Atem stockt, wenn
man Cohens Werk kennt, weil man die Geburt von etwas Berühmtem
miterlebt):

Ich fragte meinen Vater, ich fragte
ihn nach einem anderen Namen
Ich sagte, der, den ich habe, ist beschmutzt mit Angst und Scham

Es handelt sich um eine frühe Version von „Lover Lover Lover", von dem Album, das Cohen nach dem Krieg veröffentlichen würde. Er sollte es noch Jahrzehnte später bei Konzerten spielen.

Das Thema dieser ersten Strophe ist bemerkenswert, wenn man das Publikum, den Künstler und die Zeit bedenkt. Viele der Israelis im Saal hatten ihre jüdischen Namen, die mit der Hilflosigkeit der Diaspora assoziiert wurden, gegen neue hebräische Namen ausgetauscht. Matti Caspis Vater zum Beispiel wählte diesen hebräischen Familiennamen, um Argentero zu ersetzen, den Namen, den er aus Serbien mitgebracht hatte. Momo, der Skyhawk-Pilot, dessen Vorname eigentlich Shlomo war, änderte seinen Familiennamen von Zaltzman in Liran. Die Premierministerin Golda Meir hieß früher Golda Meyerson. Viele Juden (nicht nur Israelis) versuchten, Namen wie „Leonard Cohen" zu entkommen. Issur Danielovitch wurde zu Kirk Douglas. Robert Zimmerman zu Bob Dylan.

Cohen stellte „Lover Lover Lover" in der zweiten Show auf dem Luftwaffenstützpunkt vor, wie sowohl Oshik, der an der Bühne stand und zuhörte, als auch Matti Caspi, der bei der allerersten Aufführung des Songs Gitarre spielte, berichten. Caspi erinnert sich, dass Cohen noch während der Show an dem Lied arbeitete und es im Laufe des Krieges immer weiter verfeinerte. Ein Teil der Entwicklung ist im Notizbuch sichtbar, wo nicht alle Strophen der endgültigen Version ähneln. Der deutlichste Unterschied betrifft eine Strophe, die dem israelischen Publikum mehr auffiel als die anderen und die später ganz verschwand. Einige Strophen des ersten Entwurfs sind jedoch nahe an der uns bekannten Fassung, wie dieser hier:

Er sagte: Ich habe euch diesen Körper zur Prüfung gegeben
du kannst ihn benutzen als
Waffe oder um
eine Frau zum Lächeln zu bringen

Wenn es sich bei diesen Texten um ein Gespräch mit einem bestimmten Publikum handelt – israelische Piloten und Soldaten, die in ein Blutvergießen verwickelt sind –, könnte man in dieser Zeile ein Urteil erkennen: Gott testet die Menschen, um zu sehen, welche Wahl sie treffen, Krieg oder Liebe. Das Publikum war mit Krieg beschäftigt, Cohen mit Liebe. Aber natürlich hatte das Publikum nicht wirklich eine Wahl, und Cohen wusste das. Wahrscheinlich meinte er, dass beide Dinge zu unterschiedlichen Zeiten ihre Berechtigung haben. Auf jeden Fall wünschte der Sänger ihnen alles Gute, als sie hinausflogen, um sich den SAMs zu stellen, und in späteren Versionen wurde das Lied zu einer Art Talisman:

Und möge der Geist dieses Liedes
Möge er sich rein und frei erheben
Möge es ein Schild für dich sein
Ein Schutzschild gegen den Feind

Glaubte Cohen wirklich, dass ein Lied diese jungen Menschen schützen könnte? Er erwähnt denselben Gedanken in seinem Manuskript über den Krieg. „Ich sagte mir: Vielleicht kann ich einige Leute mit diesem Lied schützen", schrieb er. Möglicherweise dachte er, wenn ihr Geist im entscheidenden Moment im Kampf gestärkt würde – durch eine tiefe Weisheit, einen Segen, einen Liebesbrief, ein Lied –, dann wüssten sie, wann sie abtauchen, ausweichen oder abdrücken müssen. In der hinduistischen Tradition sind solche Gedanken gewoben um die Figur des Arjuna, des Kriegers. Eine einfachere Erklärung für diese Strophe liegt näher an Cohens eigener Herkunft: Eine der Aufgaben eines Priesters, eines Cohen, im Judentum ist es, vor der Gemeinde zu stehen und göttlichen Schutz herabzurufen: „Möge Gott euch segnen und beschützen." Diesen Schutzschild zu beschwören ist das, was ein Cohen tut.

Im Entwurf des Notizbuchs fehlt der Refrain: „Lover lover lover lover lover lover lover come back to me." Tatsächlich ist nicht sofort klar, was diesen Refrain und die Strophen miteinander verbindet. Vielleicht erscheint das Wort „Geliebte" hier im Sinne des „Hohelieds", in dem die Gegenwart Gottes in Begriffen der erotischen Liebe beschrieben wird. Nur wenige benötigen diese Gegenwart so dringend wie Soldaten. Vielleicht ist es aber auch nur ein klassisches Kriegslied – ein Ausdruck der Sehnsucht nach jemandem, der weit weg ist, wie Konstantin Simonovs „Warte auf mich", das Lieblingslied der „Frontowiki", der Frontsoldaten der Roten Armee im Zweiten Weltkrieg. In diesem Lied beginnt jede Strophe mit: „Warte auf mich und ich komme zurück." Cohens Mutter Masha war russische Muttersprachlerin, und vielleicht hat sie ihm das Lied von Simonov vorgesungen, als er in den Jahren des Weltkriegs noch ein Kind war. Jeder kannte dieses Lied. Sehnsucht ist das Gefühl, das die Soldaten am ehesten anspricht, weit mehr als Patriotismus, Wut oder Verzweiflung. Forscher, die die Musik der GIs in Vietnam untersuchten, fanden heraus, dass die Soldaten Songs wie „Leaving on a Jet Plane" liebten, die von Einsamkeit und Sehnsucht handelten – obwohl Filme nach dem Krieg den Anschein erweckten, der Soundtrack vor Ort sei politisch gewesen, mit Liedern wie „For What It's Worth" und „Fortunate Son". Cohens Text funktionierte auf verschiedenen Ebenen, so wie ein gutes Gebet. Die Melodie erfüllte die Funktion, die die chassidischen Rabbiner der Musik zuschrieben, nämlich Gefühle und Bedeutungen für diejenigen zugänglich zu machen, die die Worte nicht verstehen können oder wollen, oder sogar Gefühle und Bedeutungen anzudeuten, für die Worte nicht ausreichen.

Der junge Mystère-Pilot Shoshi, der in seinem schmutzigen Flieger-anzug inmitten der beängstigendsten und aufregendsten Tage seines Lebens zu spät kam, erinnert sich nicht an „Lover Lover Lover" oder an eines der anderen Lieder, die Cohen an diesem Abend spielte. Er weiß nicht, ob er bei der ersten oder bei der zweiten Show war. Aber er hat nie vergessen, wie es war, dort zu sein.

Als er sich mit seinem Freund in das Kino quetschte, war der einzige freie Platz auf dem Boden direkt vor Cohen, zwischen den Sitzen in der ersten Reihe und der niedrigen Bühne. Cohen war gerade mitten in einem Lied, also setzten sie sich so leise wie möglich hin. Doch der Sänger bemerkte sie. „Er hat uns gesehen, ich habe gesehen, dass er uns gesehen hat. Wir waren nah an ihm dran und vielleicht schien etwas Licht auf uns", sagte Shoshi. „Wir waren zwei Kinder in Flug-anzügen. Ich weiß noch, dass er uns oft ansah – zumindest erinnere ich mich daran. Ich weiß nicht, ob er sich auch daran erinnern würde. Der Krieg war auf dem Höhepunkt. Wir hatten Verluste. Es sprach mich an. Die Melodien waren mir vertraut. Wir haben nicht alle Worte verstanden, aber sie drangen ins Herz ein."

Shoshis junge Freunde aus der Flugschule erinnern sich daran, dass auf dem zweiten Luftwaffenstützpunkt, Ramat David im Norden, ein vollkommen durchlöchertes Flugzeug von der Front zurückkehrte und, als es gerade zur Landung ansetzte, explodierte und seine Einzelteile über die gesamte Landebahn verstreute. Es gab einen stark angeschlagenen Skyhawk, der es den ganzen Weg vom Kanal zurück schaffte und in Sichtweite der Landebahn geriet, bevor der Pilot aufgab und sich mit dem Schleudersitz in die Luft schoss, während die riesige Maschine in eine Dusche stürzte und einige Männer der Bodenmannschaften tötete. Die Piloten des südlichen Stützpunkts, Hatzor, prahlten am Telefon, dass sie gerade Leonard Cohen gesehen hätten. Die Piloten auf dem nördlichen Stützpunkt waren stolz auf die israelischen Bands, die für sie gespielt hatten – Beehive, das Pale Tracker Trio, lokale Berühmtheiten –, aber Leonard Cohen war ein Star von ganz anderem Kaliber. Sie waren neidisch. Weitere Einsätze verstrichen und es gab noch mehr Tote, bis Ofer, der Phantom-Navigator, jemanden rufen hörte, er solle über den Stützpunkt zum Rasen vor der 110. Skyhawk-Staffel laufen. Cohen war hier.

Doch als Ofer ankam, spielte jemand anderes. Es war nicht Cohen. Vielleicht hatte es sich um einen Irrtum gehandelt. Er drängte sich durch die Menge und blieb vor der Bühne stehen, neben einem Mann in einem schwarzen Pullover. Nach einem Moment erkannte er, dass es sich bei dem Mann um Leonard Cohen handelte, der darauf wartete, dass er mit dem Singen an der Reihe war.

Es gab keine Bühne, nur auf dem Rasen aufgestellte Mikrofone und einen kleinen Verstärker, der schon bessere Tage gesehen hatte. Matti Caspi stand neben Cohen in hellen Hosen und einem karierten Hemd.

„Er kündigte ‚Lover Lover Lover‘ an und sagte, es sei ein neuer Song", erinnert sich Ofer. „Wir waren überrascht, dass er ein neues Lied spielen würde, wir dachten, er würde nur die bekannten spielen, aber er sagte: ‚Ich möchte euch etwas Neues spielen.'" Jemand, der hinter Matti Caspi stand, knipste ein Foto vom Publikum.

Ofers Freund Amos, ein Skyhawk-Pilot, hat die Stimmung der Show stets in Erinnerung behalten. „Als würde man alles vergessen und in eine andere Welt eintauchen, eine Welt, in der nicht alle herumrennen, und die toten Menschen und die Angst", sagte er. „Für mich war es ein prägendes Ereignis – einer der größten Sänger der Welt kam mitten im Krieg, mitten im Chaos, und brachte uns etwas Ruhe und den Klang von etwas anderem."

Auf dem Foto ist Amos in einem gestreiften Hemd zu sehen, ganz links sitzend. Ofer steht in der Mitte in hellem Hemd, die Arme über den Knien verschränkt. Links hinter ihm, mit einem halben Lächeln auf die Darsteller blickend, sitzt Momo, der bei seinem ersten Einsatz mitansehen musste, wie der Kommandant des Stützpunkts in die Wellen flog und verschwand.

Von links nach rechts: Amos Bar-Ilan, Shlomo Liran und Ofer Gavish

10.

BRÜDER

Nach dem Entwurf von „Lover Lover Lover" stehen in Cohens orangefarbenem Notizbuch acht Zeilen unter dem Titel „Luftwaffenstützpunkt". Sie wurden nie veröffentlicht.

LUFTWAFFENSTÜTZPUNKT

Ich ging hinunter in die Wüste
um meinen Brüdern beim Kampf zu helfen
Ich wusste, dass sie nicht im Unrecht waren
Ich wusste, dass sie nicht im Recht waren
Aber Knochen müssen aufrecht stehen und gehen
und Blut muss sich bewegen
und Männer gehen und ziehen hässliche Linien
über den heiligen Boden

Dies ist die verlorene Strophe von „Lover Lover Lover". Soldaten hörten, wie Cohen sie sang, und sie erschien während des Krieges in dem Artikel eines israelischen Reporters, der von der Botschaft so bewegt war, dass er allein diese Strophe zitierte und keine der anderen. Der Entwurf im Notizbuch zeigt jedoch, dass Cohen fast unmittelbar danach begann, sich von ihr zu distanzieren: In der zweiten Zeile strich er die Worte „meinen Brüdern" und schrieb stattdessen „den Kindern". Dann verwarf er die Strophe ganz und sie tauchte erst wieder auf, als ich sie im Notizbuch fand. Die Zeilen waren möglicherweise ein authentischer Ausdruck eines Gefühls, das Cohen in diesem Moment befiel. Doch später, als der Krieg vorbei und er zurück in der Welt war, empfand er anders. Vielleicht gehören diese Zeilen auch zu dem Privatmann Leonard Cohen, nicht aber zu dem Künstler.

Cohen rang immer mit der Vorstellung, zu etwas verpflichtet zu sein. Zur Zeit des Jom-Kippur-Krieges schienen diese Gedanken besonders intensiv zu sein. Er war nun Vater und wurde bald vierzig. Er hatte gerade eine lange, merkwürdige Reise durch die sechziger Jahre hinter sich, ein Jahrzehnt, das alte Schranken und Überzeugungen abwarf. Doch mit neununddreißig fragt man sich manchmal, ob jene Schranken und Überzeugungen überhaupt etwas bedeuten. Was, wenn die Antwort nicht im Dorf oder auf einer griechischen Insel liegt, sondern an der Himmelspforte? War die Ehe ein archaisches Gefängnis – oder war sie tatsächlich „der heißeste Feuerplatz des heutigen Geistes", wie Cohen einmal sagte, die einzige Situation, in der „irgendeine Art von Arbeit getan werden kann"? Was, wenn die jüdische Antwort gar nicht darin bestand, sich mit dem Universellen zu verbünden, sondern in einem kleinen Stammesstaat zu leben und eine Sprache zu sprechen, die niemand sonst kannte? Was, wenn diese fremden Soldaten, denen er nie begegnet war, seine Brüder waren? Wir wissen, dass Cohen misstrauisch gegenüber Menschen war, die diese Art von Anspruch auf ihn erhoben. „Und wenn du mich jetzt Bruder nennst", schrieb er einige Jahre zuvor in „Story of Isaac", „verzeih mir, wenn ich nachfrage: Nach wessen Plan?"

Die israelischen Musiker, die mit Cohen reisten, sagen, er habe sie gebeten, seinen hebräischen Namen zu verwenden: Eliezer. „Leonard" ist für Israelis schwer auszusprechen: *leh-oh-narrrd*. Eliezer Cohen hingegen ist ein so gewöhnlicher Name, dass er völlig unspezifisch, fast generisch ist, und viele in der Armee trugen ihn. Es gab einen berühmt-berüchtigten waghalsigen Hubschrauberpiloten namens Eliezer Cohen, der einen Luftwaffenstützpunkt im Sinai kommandierte, und einen Gefreiten Eliezer Cohen, der vier Jahre zuvor mit neunzehn Jahren durch eine Mine in der Nähe des Golfs von Suez getötet wurde, und einen weiteren Gefreiten Eliezer Cohen, der zwei Jahre zuvor durch eine Mine ums Leben kam. Der erste Israeli, der den Suezkanal beim Gegenangriff 1973 überquerte, war Leutnant Eli Cohen. Leonard war ein Ausländer. Eliezer war ein Bruder.

Cohen spürte die Anziehungskraft dieser Gruppe von Menschen. Er wollte sich ihr nicht völlig hingeben, aber sie war der Grund, warum er kam. Die meisten Künstler, die sich mit der Linken identifizierten, spielten nicht in Kriegen, weil das den Anschein erwecken könnte, dass sie mit ihnen einverstanden waren. Man musste raffiniert genug sein, um durch die Politik hindurch die Menschlichkeit der Soldaten zu sehen. Das war in jenen Jahren nicht einfach, als man die aus Vietnam zurückkehrenden Veteranen als „Babymörder" bezeichnete. Johnny Cash und seine Frau June Carter gingen 1969 nach Vietnam und verbrachten einige Wochen auf einem Luftwaffenstützpunkt namens Long Binh, wo sie auftraten – für die Soldaten, die in den Dschungel gingen und kämpften, und für diejenigen, die mit den Sanitätshubschraubern zurückkamen. „Ich hätte es fast nicht ausgehalten", schrieb Cash. Aber er stand es durch. 1968 ging James Brown mit ein paar Bandkollegen auf Tournee, trotz der Unbeliebtheit des Krieges und trotz des rassistischen Hasses, der Brown und Amerika selbst bedrohte; die Tournee hatte kurz nach der Ermordung von Martin Luther King Jr. begonnen. Brown spielte zunächst auf dem Flugplatz von Tan Son Nhut in der Nähe von Saigon und tourte dann sechzehn Tage lang, absolvierte je zwei Auftritte pro Station und rehydrierte dazwischen mithilfe von Infusionen. „Wir haben es nicht wie Bob Hope gemacht", sagte Brown einem Interviewer. „Wir sind dorthin gegangen, wo die Eidechsen Waffen trugen! Wir sind dorthin gegangen, wo das ‚Apocalypse Now'-Zeug stattfand." Viele Leute mochten den Krieg nicht. „Nun, ich mag den Krieg auch nicht", sagte er, „aber wir haben dort drüben Seelenverwandte."

Seinem Manuskript legt Cohen einen Brief von Asher bei, dem Amerikaner, den er im Flugzeug aus Athen mit seiner israelischen Frau getroffen hatte. In Cohens Beschreibung kommt Asher wie ein Hippie-Rabbi rüber, ein Typ Jude, den man in den Siebzigern traf – Anhänger des singenden Rabbiners Shlomo Carlebach; Leute, die über die Bhagavad Gita oder LSD zur Thora gekommen waren. Asher und seine Frau Margolit sind in Cohens Manuskript das Gegenstück zur Figur des Anthony. Der britische Maler, der Cohen seine Israelreise auszureden versucht, präsentiert die universalistische Stimme der Bohemiens auf Hydra, Asher und Margolit repräsentieren das Engagement für Judentum, Israel und Ehe. Diese drei Verstrickungen scheinen in Cohens Kopf miteinander verbunden gewesen zu sein, weshalb er an einer Stelle in seinem Manuskript auf dem Weg nach Israel ein Keuschheitsgelübde ablegt, „es sei denn, sie ist meine Wahre Frau".

Der Brief von Asher, der Cohen nach dem Krieg auf Hydra erreichte, ist die Fortsetzung eines Gesprächs, das die beiden in Israel führten. Es gebe etwas in Cohen, schrieb Asher, „das danach schreit, wirklich und verwirklicht zu werden". Asher meinte damit die priesterliche Abstammung des Dichters. Cohens angestammte Berufung, schrieb er, sei unter dem falschen Bild eines verzweifelten Künstlers begraben, der den Verlockungen der Welt verfallen sei. „Wir wissen, dass du ein Cohen bist – und dass Gottes Absichten hier fantastisch für die Läuterung der Söhne Levis wirken –, also was", wollte Asher wissen, „tust du da draußen?"

Cohen sollte heiraten, dachte Asher. Das jüdische Gesetz, dass das Leben der Priester im alten Jerusalemer Tempel regelte, sah vor, dass jeder ein Opfer für sich selbst „und sein Haus" darbringen musste, womit nicht ein physisches Haus, sondern eine Frau gemeint war. Auch Asher stand vor der Wahl zwischen dem Körperlichen und dem Geistlichen. „Der Kampf in mir war und ist, auf welche Stimme ich hören soll – aber ich habe Ihn erwählt, der mich erwählt hat, und es gibt keine andere Wahl – denn alles Fleisch ist wie Gras."

Es sei Zeit für Cohen, zu seinen Wurzeln zurückzukehren und seine Rolle anzunehmen. „Wir glauben, dass, wenn du den Umhang des Propheten Elia annimmst, der Geist Gottes auf dir sein wird, um dich zu einem echten Cohen zu machen. Aber du musst genauso entschlossen sein, Gottes Segen zu empfangen, wie Elia", schrieb er.

Wir fordern dich auf, zu Seiner Zeit ins physische Jerusalem zurückzukehren und das geistliche Jerusalem in uns gemeinsam zu errichten, während Er in Seiner heiligen Stadt – uns – regiert.

Komm zurück zu mir, Geliebter, Geliebter, komm zurück zu mir, Geliebter, Geliebter* –

Mit einem echten Gefühl des Vermissens eines nahen Bruders, der wie der Wind ist,

In Liebe, Asher

Das Sternchen steht im Original und führt zu einer Erklärung von Cohen am Ende der Seite: „Dies ist eine Paraphrase einer Zeile aus einem Lied, die ich ihm vortrug, als wir uns zum zweiten Mal am Strand von Herzliya trafen."

Im Gegensatz zu einigen anderen Künstlern, die für die Truppen spielten, wollte sich Cohen nicht mit Konzerten auf Stützpunkten in sicherer Entfernung von den Kämpfen begnügen. Er wollte dorthin gehen,

wo die Eidechsen Waffen tragen. Nach dem „Luftwaffenstützpunkt"-
Gedicht in Cohens orangefarbenem Notizbuch schreibt er in Groß-
buchstaben ein altes Sprichwort aus der Luftfahrt ab, wie man es auf
einem Luftwaffenstützpunkt hören könnte:

DER EINZIGE ERSATZ FÜR EINE DC3
IST EINE ANDERE DC3

Die DC-3 Dakota war ein Transportflugzeug, das Truppen und Ausrüstung an die Front im Sinai flog. Das Manuskript beschreibt, was dann
geschah: „Wir flogen mit einer Dakota in die Wüste."

11.

IN DER WÜSTE

Nach einer Woche Krieg bestand der Sinai aus Feldlazaretten, sandigen Landebahnen und Zelten, die im Wind der Rotoren flatterten. Je näher man dem Kanal kam, desto mehr verbrannte Fahrzeuge sah man, und die Blicke der Soldaten wurden immer ausdrucksloser. Die israelische Öffentlichkeit war noch immer noch nicht darüber informiert, wie schlimm die Lage war, aber hier unten war es klar. Das war ungefähr zu der Zeit, als der Außenposten – bekannt als „der Brückenpfeiler" –, der seit dem Überraschungsangriff am Kanal standgehalten hatte, schließlich vor den Ägyptern kapitulierte. Ich kenne jemanden, der dort war, mit den anderen Überlebenden in ein Gefangenenlager kam und zurückkehrte. Körperlich war er unversehrt, aber das war auch schon alles.

Einige der Soldaten im Sinai erinnern sich an die kleinen Gruppen von Musikern, die man an der Front sehen konnte – Gestalten in Schlaghosen, die durch Staubwolken liefen, ihre Gitarren umklammerten, auf den Rücksitzen rasender Armeelastwagen saßen, per Anhalter im Hubschrauber mitflogen. Ein Pilot, der einen Herkules-Transporter steuerte, erinnerte sich an eine Szene auf dem Luftwaffenstützpunkt Refidim, eine Momentaufnahme, die ihm im Laufe unseres Gesprächs einfiel: Er ist gerade gelandet, um Verletzte abzutransportieren. Ein Chirurg, den er schon einmal getroffen hat, Dr. Haruzi, kommt mit grimmiger Miene aus dem Operationssaal, sein weißer Kittel ist blutverschmiert und er fuchtelt mit den Händen. Er hat einen Patienten verloren. In der Nähe warten ein paar Künstler – lange Haare, zivile Kleidung, einer mit einer Gitarre – darauf, dass jemand sie hier rausholt.

Nachdem sie in der Nähe der Front gelandet waren, wurden Cohen und der Band Schlafsäcke ausgehändigt. Sie hatten einen kleinen Verstärker, den sie an die Batterien von Panzern oder Lastwagen anschließen mussten. Sie zogen los, manchmal als Gruppe, manchmal allein. Nirgendwo in seinen Taschenbüchern oder seinem getippten Manuskript gibt Cohen einen Hinweis darauf, dass er weiß, wo er ist. Abgesehen von Jerusalem und Tel Aviv gibt es keine Ortsnamen. Das lag zum Teil daran, dass er Ausländer war, wenngleich die Wahrnehmung seiner israelischen Kameraden offenbar kaum anders war. Sie waren keine Kampfsoldaten. Sie waren weit von ihren Cafés entfernt. Sobald sie an der Front waren, war alles „die Wüste".

Es gab keine organisierte Tour. „Jeder Depp kann kommen und dich mitnehmen", erklärte Oshik die Abläufe. Die „Deppen" waren die jungen Offiziere des Ausbildungskorps, deren Aufgabe es war, die Sänger zu den Einheiten im Feld zu bringen. „Wir haben keine Ahnung, wo wir sind, und keine Ahnung, wer diese Leute sind. Jeden Tag kommt ein anderer Ausbildungsoffizier oder ein anderer Depp und sagt: ‚Acht unserer Leute sind gerade getötet worden, ihr müsst kommen.' Hey, wo sollen wir hin? Und warum? Aber was soll ich ihnen sagen? Sie setzen dich in den Lastwagen und du fährst."

Ich suchte lange nach einer Aufzeichnung der Daten und Orte, oder nach jemanden, der die Konzerte koordiniert hatte, aber als ich das Wort „koordiniert" sagte, fing Oshik an zu lachen. „Die Jungs kamen und stritten sich, wer uns kriegen würde", sagte er. „Wer mehr Todesopfer und mehr Leid zu beklagen hatte."

Und wer hat das entschieden?

„Sie haben sich gestritten."

Und ihr seid dem Gewinner gefolgt?

„Du kannst nicht nein sagen. Kannst du nein sagen?"

Manchmal war das Publikum gar nicht interessiert. Gelangweilte Nachhutsoldaten, Mechaniker und Köche ließen sich leicht zusammentrommeln, aber viele Kampftruppen waren nicht in der Stimmung für Zivilisten mit Gitarren, die nach Mädchen und Tel Aviv rochen, oder für „Ausbildungsoffiziere", die sich nicht in Gefahr begaben. Sie zogen es vor, nicht an das normale Leben erinnert zu werden, von dem sie ausgeschlossen waren und das sie vielleicht nie wiedersehen würden. „Die Moral zu heben" ist eine zivile Idee. Doch die Soldaten hatten die Abgründe dieser Welt gesehen, und sie wollten nicht aufgemuntert werden.

Manchmal wurden die Soldaten gezwungen zuzuhören oder waren zu erschöpft, um zu widersprechen. Es gibt Dokumentaraufnahmen einer Unterhaltungstruppe aus dem Jahr 1973: Ein paar jugendliche Musiker klatschen und singen verzweifelt für ein Publikum von schmutzigen Soldaten, die auf dem Boden sitzen und mit hohlen Augen ins

Leere starren. Wenn man sich mit dem Jom-Kippur-Krieg beschäftigt, sieht man eine Menge Leichen, aber dieses Bild ist noch schlimmer. Es ist eines der schrecklichsten Bilder des Krieges.

Sie tauchten immer tiefer in die Unterwelt der Front ein. Wenn sie tagsüber spielten, sorgte Pupik, der Komiker, dafür, dass die Soldaten an einem Hang mit der Sonne im Rücken saßen – es war besser, wenn die Künstler von der Sonne geblendet wurden als das Publikum. Wenn sie in einem Bunker spielten, in dem eine Glühbirne von der Decke baumelte, befestigte er einen Eierkarton an einer Seite, damit die Bühne beleuchtet war und die Zuschauer im Dunkeln saßen. Pupik brachte auch einen Koffer mit, nicht nur um seine Kleidung darin aufzubewahren, sondern auch als Requisite: Er trat an das Mikrofon heran und schien dann zu merken, dass er zu klein war, um reinzusprechen. Er eilte von der Bühne, holte seinen Koffer und hüpfte hinauf. Das sorgte meist für Gelächter.

Ein typisches Konzert nach Oshiks Erinnerung: Ein Offizier nimmt sie nachts in einem kleinen Lastwagen mit in die Wüste. Die Front ist nah, aber er weiß nicht, wie nah. Sie halten bei ein paar großen Artilleriegeschützen, die im Sand stehen. Alles ist völlig schwarz. Möchte jemand Musik hören? Ein paar schmutzige Soldaten versammeln sich. Pupik baut eine Bühne aus Munitionskisten auf und stellt die Scheinwerfer des Lastwagens als Beleuchtung auf. Sie beginnen zu singen. Plötzlich sagt ein Artillerieoffizier höflich: „Könnt ihr mal kurz aufhören?", und schreit: „GESCHÜTZ DREI!" Der Boden bebt und die Luft wird von der Wucht des Geschosses aufgewirbelt. Alle sind für einige Sekunden wie betäubt. Dann singen sie wieder.

12.

TEE UND ORANGEN

Nicht jeder an der Front wusste, wer Cohen war, aber wenn, dann kannten sie das Lied „Suzanne". Er scheint es bei den meisten oder allen Auftritten gespielt zu haben, und in seinen Erinnerungen erzählt Cohen von einer Reise durch die Wüste: „Ich lege einen arroganten israelischen Offizier um, der mich ständig nervt und ‚Suzanne' hören will. Das Gleichgewicht wird wiederhergestellt. Der Gerechtigkeit ist Genüge getan. Es ist nicht sicher, dass ich mir das ausdenke."

Heute ist Cohen der ausländische Künstler, dessen Lieder in Israel vielleicht am häufigsten übersetzt und aufgeführt werden. Jedes Jahr erscheinen neue hebräische Versionen seiner Lieder, und einige, wie „Lover Lover Lover", wurden mehr als einmal übersetzt. Als Cohen in den Krieg zog, war bereits eine hebräische Version von „Suzanne" im Umlauf. Sie stammte von Gidi Koren, dem Gründer der Band Brothers and Sisters – den Namen hatte er als Hommage an The Mamas and the Papas gewählt. Gidi liebte „Suzanne". Es war so anders als alles, was er bisher gehört hatte, so fremd für israelische Ohren. Seine Übersetzung, die wohl erste hebräische Version eines Cohen-Songs überhaupt, wurde zwar aufgeführt, aber nie aufgenommen und geriet schließlich in Vergessenheit. Sie überlebte nur als Datei auf Gidis Computer.

Brothers and Sisters waren eine beliebte Band, aber von der Musik konnte man in Israel damals nicht leben, und sie war deshalb auch nicht Gidis eigentlicher Beruf. Er hatte gerade sein Medizinstudium abgeschlossen und war Praktikant in einem Krankenhaus in der Nähe von Tel Aviv. Er war sechsundzwanzig, hatte eine kleine Tochter und eine schwangere Frau. Er war mitten in einer Schicht an diesem Jom Kippur, als die Armee plötzlich begann, Mitarbeiter von der Station abzuziehen, als „die Musik anfing", wie er es ausdrückte, womit er den Klang und den Rhythmus einer israelischen Krise meinte.

Draußen dröhnten Hubschrauber, und schon bald stürmten Pfleger in die Station für Verbrennungsopfer und brachten Gestalten in zerrissenen grünen Uniformen. Es waren Männer in seinem Alter mit Verbrennungen durch Sprengstoffe, meist dritten Grades. Diese Art von Verbrennungen durchdringt Haut und Muskeln und kann kaum geheilt werden. Sie kamen von ihren Panzern entlang des Suezkanals und aus den überfüllten Feldlazaretten im Sinai. Gidi tat, was er konnte – Flüssigkeiten, Morphium, Desinfektion. Einige von ihnen konnten gerettet werden, und später bekamen sie eine neue Haut, aber viele von ihnen waren schon verloren, als sie die Station erreichten. Die leitende Hämatologin kam vorbei und Gidi beobachtete, wie sie an den Betten stand und entschied, wann die Maschinen abgeschaltet werden sollten.

Als sich der Krieg zuspitzte, wurde Gidi zur Unterstützung ins Feld geschickt. Mit einem Transportflug wurde er zu einem der großen Luftwaffenstützpunkte im Sinai gebracht, dann auf dem Landweg zu einem Krankenhaus, das aus ein paar Zelten, Schiffscontainern und einem mobilen Operationssaal bestand. Die Hubschrauber wirbelten heißen Sand auf, wenn sie mit weiteren dieser grünlichen Gestalten auf Bahren landeten. Gidi weiß nicht mehr, wo es war, irgendwo in „der Wüste". Die Stimmung war so düster, wie man es erwarten würde, nicht nur wegen der Arbeit, sondern weil die verwundeten Soldaten die schlimmsten Nachrichten aus dem Krieg mitbrachten – missglückte Manöver, verlorene Schlachten, ganze Einheiten, die in Rauch aufgingen. An Einzelheiten kann er sich nicht erinnern. Er wollte diese Gestalten nicht als Menschen mit Namen sehen. Zu diesem Zeitpunkt hatte er bereits das Schicksal von einigen erfahren, mit denen er aufgewachsen war: Lipa Milnov war getötet worden, dazu Menachem Silman und Yaakov Sofer aus der Fußballmannschaft. Weitere Soldaten kamen herein, bewusstlos durch Blutverlust oder Morphium. Er legte Verbände an wie ein Roboter und schob die Gestalten von Zelt zu Zelt. Jemand sagte, Leonard Cohen sei draußen.

Das ergab keinen Sinn. Aber Gidi ging hinaus ins Sonnenlicht, und da war er, Cohen, in einer Uniform wie jeder andere Soldat. Er wagte nicht, ihn anzusprechen oder etwas über seine Übersetzung von „Suzanne" zu sagen. Warum, weiß er nicht mehr. Er glaubt nicht, dass Cohen unzugänglich war. Die Anwesenheit von Leonard Cohen in diesem Feldlazarett war so unwahrscheinlich, dass er vielleicht nicht wirklich daran glauben konnte – genauso wenig wie an all die anderen Dinge, die er sah und tat.

Cohen stand ein paar Schritte von ihm entfernt und spielte auf seiner Gitarre. Die Sanitäter, Ärzte und Krankenschwestern standen dem Sänger in blutigen Kitteln gegenüber. Einen Moment lang landete kein Hubschrauber. Die Skalpelle ruhten auf Tabletts, und in den Zelten war es still. Cohen sang „Suzanne".

13.

KEINE WORTE

Wir fuhren Hunderte von Kilometer in einem VW-Bus, Doppelkabine, mit Kampfrationen", erinnert sich Pupik, „Wüste ohne Ende."
Pupik saß auf dem Rücksitz eines Lastwagens, der sich auf einer Straße in der Nähe des Kanals durch Staub und Lärm wälzte. Er glaubt nicht, dass Cohen damals bei ihm war. Eine Rauchschwade stieg vor dem Lastwagen auf, „als ob jemand mit dem Fuß in den Sand getreten hätte". Dann noch eine. Sie wurden beschossen, also wendeten sie den Lastwagen und rasten zurück. Erleichtert hielten sie an einer Kreuzung, wo alle ausstiegen, um zu pinkeln, bis ein paar Soldaten in einem Jeep vorfuhren und ihnen zuriefen, dass die Ägypter alle Kreuzungen im Visier hätten. Also sprangen sie zurück in den Lastwagen und rasten weiter hinter die israelischen Linien. Man musste vorsichtig sein, aber selbst wenn man vorsichtig war, war man nicht automatisch in Sicherheit. Es gab einen aufstrebenden Star, den Sänger Roman Sharon, dreiundzwanzig Jahre alt und gutaussehend, der gerade eine Show auf dem Luftwaffenstützpunkt Refidim verließ, als ein Sattelschlepper der Armee seinen Wagen rammte und ihn tötete.

Cohen verlangte keine Sonderbehandlung. Wenn sie einen Stützpunkt erreichten, wurden Schlafsäcke auf den Boden des Warenlagers oder eines anderen Raums geworfen. Manche dachten, dass Cohen vielleicht andere Ansprüche hätte, und boten ihm an, ein richtiges Bett für ihn zu finden. Er sagte nein. Er schlief auf dem Boden und aß Kampfrationen wie jeder andere auch. Das imponierte den Israelis. „Ich war so beeindruckt von ihm, dass ich ihn mit Ehrfurcht behandelte. Wir haben nicht wie Freunde miteinander gesprochen", erinnert sich Pupik. „Ich versuchte, eine Tür zu öffnen, um an ihn heranzukommen, aber er öffnete nicht, allenfalls einen Spalt. Aber er war jemand, der eine Aura der Gutherzigkeit, der ungewöhnlichen Menschlichkeit ausstrahlte."

Pupik gehörte zur Tel Aviver Bohème um den charismatischen, aber heruntergekommenen Schauspieler Uri Zohar und den Sänger Arik Einstein. Die Kibbuz-Sozialisten der Gründergeneration hatten sich von der jüdischen Tradition verabschiedet, und junge Leute wie Pupik hatten sich von Sozialismus und Kibbuz verabschiedet. Sie interessierten sich nicht für irgendeine Ideologie, sondern für Sonnenschein und Strand und worauf immer sie gerade Lust hatten. Nach dem Jom-Kippur-Krieg erkannten einige von ihnen, dass das nicht genug war, sie brauchten einen Sinn in ihrem Leben und flüchteten vor der Leere zurück in die Religion der alten Zeit. Zum Teil war es der Schock des Krieges, zum Teil der Kater der sechziger Jahre, der sich in der gesamten westlichen Welt bemerkbar machte, und zum Teil war es das Älterwerden. Schließlich verschwand sogar der Rädelsführer, Uri Zohar selbst, in der Jerusalemer Welt der schwarzen Hüte und ist dort bis zu seinem Tod geblieben. Aber Pupik war einer der Ersten, der die Bohème verließ. Gleich nach dem Krieg gab er das weltliche Leben auf und hängte seine extravaganten gestreiften Schlaghosen an den Nagel. Als ich ihn in seiner kleinen Wohnung in Jerusalem traf, hieß er Rabbi Mordechai Arnon. Wir führten zwei lange Gespräche, bevor er an Krebs starb. Er trug eine große schwarze Kippa und einen langen grauen Bart, durch den man das Koboldgesicht alter Fotos kaum mehr erkennen konnte.

Cohen interessierte sich für das Judentum, erinnerte sich Pupik, und wusste eine Menge darüber. Pupik nicht. Er wusste so wenig über seine eigene Kultur, dass er „kein Jude" war. Er kannte Lieder und Feste, das Leben der neuen Israelis, die von den Fesseln und Albträumen ihrer Eltern befreit waren. Und er kannte Haschisch, das alle rauchten, das er aber mehr als alle anderen geraucht habe.

Am Jom Kippur war Pupik wieder zu Hause bei seinen Eltern, in ihrem kärglichen landwirtschaftlichen Kollektiv. Er hatte immer noch kein Interesse an der Religion, dachte aber, dass das Fasten eine gute Möglichkeit sei, mit dem Rauchen aufzuhören, denn auch das war am Versöhnungstag verboten. Er war unzufrieden mit seinem Leben und wollte es wieder in den Griff bekommen. So war er zum ersten Mal seit Jahren wieder in der Synagoge. Nach dem Gebet Unetaneh Tokef und der berühmten Aufzählung der vielen Todesarten, nach dem Ende des Mittagsgottesdienstes und vor dem Buch Jona, war er draußen auf der Straße und ein Mann kam auf ihn zu.

Der Mann war in seinen Fünfzigern. Er fragte auf Jiddisch nach einer Zigarette. Der Komiker war hierher gekommen, um mit dem Rauchen aufzuhören, und der Mann suchte eine Zigarette am Jom Kippur! Aber Pupik wollte helfen und nahm den Mann mit zu sich nach Hause, wo sich seine Eltern vor dem Nachmittagsgottesdienst ausruhten, und gab ihm eine Schachtel. Der Mann versteckte seinen Kopf hinter der Balkonwand, damit er von der Straße aus nicht gesehen werden konnte, zündete sich eine Zigarette an und atmete tief ein. Er sagte, immer noch Jiddisch sprechend: Ich werde dir sagen, warum ich am Jom Kippur rauche.

Wir waren achtzehn, sagte der Mann, als der Weltkrieg ausbrach. Wir wurden eingezogen, um in der Roten Armee zu kämpfen. Was ist das Erste, das man mitnimmt? *Mahorka*, Beutel mit Drehtabak. Wir fahren also im Truppenzug, singen Lieder, um uns bei Laune zu halten, und ich rauche eine Zigarette, als einer der anderen jüdischen Soldaten, ein rechtschaffener Jude, plötzlich an die Wand klopft und auf Jiddisch ruft: *Raboisai!* Meine Herren! Heute ist Jom Kippur! Es war der heiligste Tag des Jahres, ein Fastentag, und ich war auf dem Weg in den Krieg und spuckte Gott ins Gesicht, indem ich rauchte.

Seitdem, sagte der Mann und atmete aus, kann ich Jom Kippur nicht mehr verstreichen lassen, ohne eine Zigarette zu rauchen. Er ging davon, und Pupik sah ihn nie wieder. Eine Stunde später ertönte die Sirene und der Krieg begann.

Später, als der Komiker zum Glauben fand, erkannte er das göttliche Eingreifen beim Ausbruch des Krieges, ausgerechnet am Jom Kippur. Es ist der einzige Tag im Jahr, an dem die Straßen Israels völlig leer sind, so dass die Armee schnell ausrücken konnte. Das war das erste Wunder des Krieges, das erste von vielen. „Gott schaut auf uns in einem Ausmaß, das unglaublich ist", sagte Rabbi Mordechai Arnon, als wir fünfundvierzig Jahre später miteinander sprachen. „Man muss nur die Augen öffnen."

Damals konnte er mit Cohen nicht über das Judentum sprechen, aber er wusste etwas über Astrologie, und so sprachen sie darüber. Die Israelis unterhielten sich untereinander über Musik oder Philosophie oder amüsierten sich einfach mit weitschweifendem, assoziativem Unsinn, der zum surrealen Leben jener Tage passte. Manchmal saß Cohen draußen in der Wüste und schaute in die Sterne. Wir wissen nicht, was der Sänger über seine Gespräche mit Pupik oder den anderen Israelis dachte, denn er erwähnt sie in seinen Texten nicht. In der Tat erwähnt er die Musiker, die mit ihm reisten, überhaupt nicht. Nach Cohens Darstellung war er allein.

Das könnte etwas mit Matti Caspis Antwort zu tun haben, als ich ihn über die Tournee befragte. Von den vier Israelis in der improvisierten Band war Caspi der talentierteste und später auch der erfolgreichste. Er ist in Israel eine Ikone, wie Cohen. Es war Caspi, der Cohen bei den Konzerten begleitete, und es gibt ein Foto aus der Wüste, auf dem man Cohen sieht, wie er nicht spielt, sondern jemandem aufmerksam zuhört, und dieser Jemand ist Caspi. Ich hatte einige von Caspis schriftlichen Erinnerungen gefunden, hoffte aber, er würde noch mehr erzählen. Er tat es nicht. „Ich habe über Leonard Cohen nichts weiter zu sagen", antwortete er, „denn es gab keine enge Verbindung zwischen uns, und ich mag es nicht, Luftlöcher zu stopfen."

Die israelischen Interpreten, die mit Cohen auftraten, waren eine interessante Truppe, und aus ihrer gemeinsamen Zeit gingen einige bemerkenswerte Songs hervor. Oshik, der Liedermacher, trug eine Sammlung der hebräischen Dichterin Leah Goldberg bei sich, und irgendwo auf der Straße im Sinai gab er das Buch an Caspi weiter, der „For Some Time" auswählte, ein Gedicht, das überhaupt nicht vom Krieg handelt, sondern von der Einsamkeit einer Frau. Caspi schrieb die Musik und Oshik nahm sie nach dem Krieg auf. Das Lied ist noch heute berühmt. Caspi gelang es auch, ein Lied darüber zu schreiben, dass die einzige ehrliche Reaktion auf einen Krieg darin besteht, zu schweigen. Das Lied „We Have No Words" hat eine ironische, eingängige Melodie, sodass das Publikum in die Hände klatschen und mitsingen kann:

Wir haben keine Worte
Und wir haben keine Melodie
Das ist okay, wir singen einfach immer „la la la"

Es gibt Aufnahmen von den vier israelischen Bandmitgliedern, die nach dem Waffenstillstand vor Soldaten „We Have No Words" singen. Das ist das Einzige, was wir von der Tournee selbst sehen können. Zu diesem Zeitpunkt ist Cohen bereits verschwunden, aber Matti Caspi ist zu sehen, mit seinem seltsamen, undurchdringlichen Blick; Rovina mit ihrem blonden Helm und ihrer theatralischen Haltung; Oshik mit sei-

ner zotteligen Frisur und seinem weißen Rollkragenpullover; Pupik,
der von der Seite Witze reißt.

Damals sah sich Pupik als eine Art Krieger des Komischen, der
vier- oder fünfmal am Tag auftauchte, drinnen, draußen, bei Tag und
bei Nacht, für Menschen, die die schlimmsten Momente ihres
Lebens durchmachten, die verzweifelt nach Ablenkung suchten oder
sich wünschten, sie wären irgendwo anders als bei dieser Show.
Wenn er Sketche improvisierte, war er wie ein Trapezkünstler. Das
Publikum unter ihm fragte sich nicht, ob er fallen würde, es hoffte
darauf. „Jede Show ist ein Kampf", sagte er. „Man muss das Publikum besiegen." Cohens Bühnenpräsenz zu dieser Zeit hätte nicht
unterschiedlicher sein können als die des Komikers, aber er hatte
eine ähnliche Vorstellung von seinen Auftritten. Ein Jahr nach dem
Krieg fragte ihn ein spanischer Journalist nach seiner „strengen Haltung auf der Bühne", nach seiner Weigerung, ein Lächeln zu zeigen.
„Es gibt Leute, die lachend singen, die herumtänzeln und eine Show
machen", sagte Cohen. „Ich singe ernste Lieder, und ich bin auf der
Bühne ernst, weil ich es nicht anders machen könnte. Ich glaube
nicht, dass ein Stierkämpfer lachend in den Ring steigt. Er geht vielmehr mit dem Gedanken hinein, dass er sein Leben gegen den Stier
wettet."

Pupik erzählte mir, dass sie mit dem Volkswagen über kilometer-
lange leere Schnellstraßen durch die Wüste fuhren, als sie in der
Nähe einer improvisierten Konstruktion aus Pfählen und einem Lei-
nendach anhielten. Sie setzten sich in den Schatten, um zu essen,
und wurden sofort von Fliegen heimgesucht. Sie wussten nicht, warum die Insekten hier waren, bis jemand sagte: „Hey, seht euch das
an." Aus einem kleinen Sandhaufen ragte ein Stiefel heraus. Er steckte
an einem Bein. Sie waren von Leichen umgeben, die halb mit Sand
bedeckt waren.

14. Wir sangen überall dort, wo Männer versammelt waren,
manchmal in Hallen für Hunderte, oder neben Flakgeschüt-
zen für zehn oder zwanzig. Manchmal gab es Licht, manchmal leuchteten sie uns mit Taschenlampen an. Wir sangen,
wo immer wir angefragt wurden.

15. An meinen Fingerspitzen bildeten sich Schwielen. Hier und
da wurde mir suggeriert, dass ich nützlich sei.

16. Der einzige Ersatz für eine DC3 ist eine andere DC3.

17. Männer wurden umgebracht. Ich begann, unsere Show mit einem neuen Lied zu beenden. Der Refrain lautete: Lover lover lover lover lover lover lover come back to me.

18. Ich sagte mir: Vielleicht kann ich mit diesem Lied einige Menschen beschützen. Ich würde es noch viele Male singen.

14.

SCHON NASS

Während Cohen und seine Kameraden in das Kampfgebiet vordrangen, reisten andere Musiker in die Wüste und entlang der Nordfront auf den Golanhöhen von Einheit zu Einheit. Das Durcheinander in der Armee war so groß, dass niemand wirklich zu wissen schien, wo sich die Künstler aufhielten, geschweige denn dafür sorgte, dass sie in sicherer Entfernung von den Kämpfen blieben.

Der Sänger Avner Gadasi erinnerte sich, wie er mit einem anderen Künstler von Tel Aviv aus nach Norden geschickt wurde und die Golanhöhen erreichte. Sie fuhren zu einem Stützpunkt, der zunächst an die Syrer verloren gegangen war, dann jedoch zurückerobert werden konnte. Kaum jemand hatte überlebt. „Der Wächter am Tor sagte uns: ,Geht geradeaus nach oben und seht selbst, ob es noch jemanden gibt, für den ihr spielen könnt'", erzählte er einem Journalisten. „Wir gingen hinein. Man sieht Feuer, brennende Fässer, verbrannte Papiere, man sieht, dass dieser Ort eine schreckliche Tortur hinter sich hat. Sie hatten Dinge verbrannt, die nicht in die Hände der Feinde gelangen sollten. Inmitten all dieser Dinge fanden wir ein paar Soldaten, vielleicht zehn. Sie holten einem Bulldozer heran und wir setzten uns auf seine Schaufel, wie auf eine kleine Bühne, und spielten für sie."

Die Sängerin Yardena Arazi meldete sich sofort nach Kriegsbeginn freiwillig. Es gibt ein Foto von ihr, wie sie mit ihrem Trio Chocolate, Mint & Gum auf einem Luftwaffenstützpunkt singt, drei junge Frauen in Jeans und T-Shirts, Arazi mit ihren berühmten schwarzen Zöpfen. Sie erreichte den Golan-Steilhang zusammen mit der Verstärkung, die anrückte, um die dezimierten israelischen Truppen zu stützen. Wie viele Unterhaltungskünstler, darunter auch Pupik, hatte sie in der berühmtesten militärischen Unterhaltungstruppe angefangen, die zu einer Brigade namens „Kämpfende Pionierjugend" gehörte. Sie erlernte ihr Geschäft während der Abnutzungsschlachten Ende der sechziger

Jahre entlang des Suezkanals, wo die Gruppe von Außenposten zu Außenposten reiste und wo einem ihrer Musikerfreunde durch ein Schrapnell fast das Bein abgetrennt wurde. Aber dies war das erste Mal, dass sie tote Israelis sah. „Ich erinnere mich an ein Konzert auf dem Golan für Fallschirmjäger, die viele Freunde verloren hatten. Sie waren nicht in der Stimmung", erzählte sie Jahre später einem Reporter. Es war dunkel. Die Musiker benutzten Jeep-Scheinwerfer als Beleuchtung. Sie sangen einen Klassiker aus dem 48er-Krieg, „Friendship", über gefallene Kameraden, ein Lied, das von den Eltern dieser Soldaten geliebt wurde. Als das Lied zum Zeitpunkt der Geburt Israels geschrieben wurde, dachten die Juden, es würde nur einen Krieg geben und das war's. Aber seither hatte es schon drei weitere gegeben. Es schien, als ob die Kriege nie enden würden. „Sie weinten und wir weinten", sagte sie.

Die Soldaten kannten diese Künstler als Teil ihrer eigenen Geschichte. Cohen war keiner von ihnen. Er sang in einer anderen Sprache über weit entfernte Menschen und Orte. Aber Soldaten, die sich im Krieg befinden, wollen keine Lieder über den Krieg hören, über das Hier und Jetzt. Sie wollen woanders sein. Musik, die zu fröhlich ist, würde auch nicht funktionieren, denn sie zu weit weg und neigt dazu, das Schicksal der Soldaten herunterzuspielen.

Ich erinnere mich an einen Einsatz in der Sicherheitszone im Südliba-
non im Jahr 1998, nach dem meine Infanteriekompanie eine Woche
Urlaub bekam. Ein Popstar trat für uns auf, sie hatte gerade einen Hit
mit dem Titel „Unload Your Weapon, My Soldier" – „Entlade deine Waffe, mein Soldat". Es ging nur um Doppeldeutigkeiten, und sie trat mit
zwei männlichen Tänzern auf, die falsche Militäruniformen und kleine
Plastikwaffen trugen. Wir standen da und starrten sie an. Es war furchtbar. Damals habe ich es unseren Offizieren übel genommen, dass sie
uns zwangen, dort zu sein, und ich habe es *ihr* übel genommen, dass
sie dachte, sie hätte uns etwas zu sagen. Jetzt empfinde ich vor allem
Mitleid mit der armen Sängerin. Ich frage mich, was sie auf der Bühne
gedacht hat. Dasselbe frage ich mich über Cohen, der in der Wüste
stand und Menschen im Angesicht des Todes gegenübertrat.

Wahrscheinlich fragte er sich, was diese Soldaten von ihm dachten,
und was er tun würde, wenn die Rollen vertauscht wären. Vielleicht befürchtete er eine Wiederholung jenes Konzerts in Jerusalem, bei dem
irgendetwas am israelischen Publikum – unter viel weniger dramati-
schen Umständen – dazu geführt hatte, dass seine Nerven blank lagen.
Vielleicht stellte er sich die gleichen Fragen wie damals, als er bei dieser
Show erstarrte: „Wo darfst du aufstehen und sprechen? Für was und

wen? Und wie tief ist deine Erfahrung? Wie bedeutsam ist das, was du zu sagen hast?" Er könnte gedacht haben, was jeder ehrliche Künstler die ganze Zeit denkt: Bin ich ein Betrüger?

Aber Cohen erstarrte nicht. Als die Tage vergingen und er mehr und mehr Soldaten sah, muss er gespürt haben, dass seine Musik funktionierte. Seine Zuversicht lässt sich an zwei kurzen Zeilen ablesen, die wir im Manuskript finden und die beide von proletarischer Bescheidenheit zeugen. „An meinen Fingerspitzen bildeten sich Schwielen", schrieb er, was uns verrät, dass er lange Zeit keine Gitarre mehr angefasst hatte, nun jedoch ständig spielte. „Hier und da gab es Andeutungen, dass ich nützlich sei."

Vielleicht lag es an den Liedern, an seinem Auftreten oder an der Tatsache, dass seine ganze Einstellung exakt zu diesen Umständen passte. „Ein Pessimist ist jemand, der auf den Regen wartet. Ich, ich bin schon nass", sagte er einmal. „Ich warte nicht auf den Regen. Wir sind mitten in der Katastrophe."

In einem Interview kurze Zeit später sprach Cohen über unterschiedliche Arten, mit Katastrophen umzugehen. „Es gibt eine Tradition, die besagt, dass wir nicht bei der Traurigkeit verweilen sollten, wenn die Dinge schlecht stehen", sagte er. „Wir sollten eine fröhliche Melodie spielen, eine lustige Melodie." Dann gebe es noch die Tradition des Nahen Ostens, erklärt er, „die besagt, dass man, wenn es wirklich schlimm ist, am besten am Grab sitzen und weinen sollte. Auf diese Weise wird man sich besser fühlen." Beide Ansätze können helfen. „Und meine eigene Tradition, die hebräische Tradition", sagte er, „schlägt vor, dass man sich neben die Katastrophe setzt und klagt. Die Idee des Klagens scheint mir der richtige Weg zu sein. Man geht der Situation nicht aus dem Weg, man stürzt sich in sie hinein."

Wenn es das war, was er tat, funktionierte es sogar in einer Sprache, die viele der Zuhörer nicht kannten. „Wenn die Leute denken, dass ein Lied einen Sinn ergeben muss, bewies Leonard das Gegenteil", erklärte Joan Baez einmal. „Es muss überhaupt keinen Sinn ergeben. Es kommt einfach so tief aus seinem Inneren, dass es auf die eine oder andere Weise tief im Inneren anderer Menschen ankommt. Ich bin mir nicht sicher, wie das funktioniert, aber ich weiß, dass es funktioniert." Baez sprach über Cohens Auftritt auf dem chaotischen Rockfestival auf der Isle of Wight 1970, wo er vor einer halben Million Menschen spielen musste, die nass, müde und genervt waren und die Baez bereits mit

Zwischenrufen bedacht, Kris Kristofferson mit Flaschen beworfen und die Bühne mit Jimi Hendrix darauf angezündet hatten. Cohen erschien spät in der Nacht und sah selbst erschöpft und abgeschlagen aus. Er klimperte leise auf seiner Gitarre und sprach mit der Menge, als wären sie Bekannte bei ihm zu Hause. Er ließ sie Streichhölzer anzünden, damit er sehen konnte, wo sie waren. Er hypnotisierte sie. Der ganze meisterhafte Auftritt wurde auf Film festgehalten.

Die Isle of Wight war jedoch nicht das entscheidende Konzert für die Art und Weise, wie Cohen mit den Soldaten auf dem Sinai kommunizierte. Genauso wenig wie seine frühere Begegnung mit einem internationalen Konflikt im Jahr 1961, als er nach Havanna reiste und zufällig bei der Invasion der Schweinebucht dabei war. (Es gibt ein Foto, auf dem Cohen mit zwei kommunistischen Soldaten posiert, die pseudorevolutionäre Gewänder tragen und albern aussehen.) Entscheidend war das Spielen in Nervenheilanstalten.

Das erste dieser Konzerte fand im August 1970 im Henderson Hospital bei London statt, zwei Tage vor der Isle of Wight und drei Jahre vor dem Krieg. Sylvie Simmons beschreibt das Konzert in ihrer Cohen-Biografie „I'm Your Man". Das Krankenhaus hatte düstere Steinmauern und einen Turm. Ein paar seiner Bandkollegen von The Army waren gegen den Auftritt, kamen aber doch mit, als Cohen darauf bestand. Cohen sagte der Band nicht genau, warum es ihm wichtig war, aber sie verstanden, dass er Mitgefühl mit Menschen hatte, die Grenzen überschritten hatten, und dass er selbst mit dieser Grenze vertraut war.

Die Shows waren gewaltig. Simmons gibt eine Geschichte wieder, die ihr der Gitarrist Ron Cornelius erzählte: In der Anstalt gab es einen Jungen, dem ein Stück seines Schädels fehlte – man konnte sehen, wie sein Gehirn durch seine Haut schlug – und der Cohen so laut anschrie, dass die Band aufhörte zu spielen. „Der Junge sagte: ‚Okay, okay, großer Dichter, großer Künstler, du kommst hier rein, du hast die Band bei dir, du hast die hübschen Mädchen bei dir, du singst all diese schönen Lieder und alles, was ich wissen will, Kumpel, ist, was denkst du über mich?'" Cohen ging von der Bühne und in die Sitzreihen, erinnerte sich der Gitarrist, „und ehe man sich versah, hatte er den Kerl in seine Arme geschlossen".

Cohen glaubte, wie er einem Interviewer erzählte, dass die Erfahrungen von Geisteskranken „sie besonders qualifizieren würden, ein empfängliches Publikum für meine Arbeit zu sein".

In gewissem Sinne hat jemand, der in eine psychiatrische Klinik eingewiesen wird oder sich freiwillig dorthin begibt, bereits eine gewaltige Niederlage eingestanden. Anders ausgedrückt: Er hat bereits eine Entscheidung getroffen. Und ich hatte das Gefühl, dass die Elemente dieser Entscheidung und die Elemente dieser Niederlage mit bestimmten Elementen korrespondierten, die meine Lieder hervorgebracht haben, und dass es eine Empathie zwischen den Menschen, die diese Erfahrung gemacht haben, und den Erfahrungen, die in meinen Liedern dokumentiert sind, gibt.

Soldaten sind keine Geisteskranken, aber manchmal sind sie nicht weit davon entfernt, und einige von ihnen werden es später sein. In einem Krieg weiß jeder, der ehrlich ist, dass er besiegt worden ist, selbst wenn seine Seite gewinnt. Cohen hatte noch nie einen Krieg gesehen, konnte kein Hebräisch und verstand nicht viel von dem, was um ihn herum geschah. Er wusste nicht, wo er war. Aber er wusste etwas über das Publikum.

„Ich hatte anfangs Angst, dass meine ruhigen und melancholischen Lieder nicht die Art Lieder sind, die Soldaten an der Front ermutigen würden", sagte Cohen einem Reporter der israelischen Zeitung *Jedi'ot Acharonot*, der ihn während des Krieges traf – eines der wenigen Zitate, die wir von Cohen aus jenen Wochen haben. „Aber ich habe gelernt, dass diese wunderbaren Kinder keine glorreichen Schlachtgesänge brauchen. Jetzt, zwischen den Schlachten, sind sie offen für meine Lieder, vielleicht mehr als je zuvor. Ich bin gekommen, um sie aufzumuntern, und sie haben mich aufgemuntert."

Cohens Tournee erregte in der Öffentlichkeit keine große Aufmerksamkeit. Es gab zu viel anderes zu tun. In den israelischen Zeitungen wird sie nur vereinzelt erwähnt, meist in Artikeln über andere, damals berühmtere Stars, die aus dem Ausland angereist waren, wie Danny Kaye und den französischen Sänger Enrico Macias. (In dem oben zitierten Artikel stand Macias in der Überschrift, Cohen wurde am Ende erwähnt.) Ein zweites Zitat stammt aus einem Radiobeitrag von Israel Radio International, nach einem Beitrag mit Danny Kaye. „Ein weiterer berühmter Künstler ist der Sänger Leonard Cohen", sagt der Reporter, „dessen stille Protestlieder die Idee des Krieges in Frage stellen. Er ist bescheiden, ruhig und jünger, als er aussieht. Er sagte mir, dass er erst jetzt, da er den Krieg und seine Auswirkungen gesehen hat, die Schwierigkeit, vielleicht sogar die Unmöglichkeit versteht, ihn in einem Gedicht oder Lied zu beschreiben. Ich fragte ihn, ob er seine hier gemachten Erfahrungen in seinem Werk zum Ausdruck bringen würde."

Cohens Stimme meldet sich mit ihrer vorsichtigen kanadischen Kadenz: „Oh, ich weiß es wirklich nicht", sagt er. „Es ist unmöglich für mich, darüber zu sprechen. Ich habe nichts zu sagen. Ich bin hier nur ein Entertainer. Natürlich habe ich Eindrücke von Dingen, die ich gesehen habe. Ob sie sich in meinen Liedern niederschlagen werden – ich weiß es noch nicht. Auf jeden Fall bin ich nicht hierhergekommen, um Material zu sammeln." Auf eine Frage des Interviewers, die in der Aufnahme nicht genau zu verstehen ist, antwortet Cohen: „Ich habe keine Gedanken darüber. Ich bin einfach so schnell gekommen, wie ich konnte."

15.

PSYCHOLOGIE

Ich kenne einen Psychologen namens Joel, der damals fünfundzwanzig Jahre alt und Sanitäter war. Er kam nach einer Woche in den Krieg, am 13. Oktober, als die Dinge schlecht standen. Erst zwei Tage später sollte der Gegenangriff auf der anderen Seite des Kanals die Lage verändern. Am Tag seiner Ankunft wurde General Albert Mendler, Befehlshaber aller israelischen Panzertruppen im Sinai, in seinem Halbkettenfahrzeug getötet.

Als die Sirene während des Jom-Kippur-Gebetes ertönte, sollte Joel eigentlich mit einer Reserveeinheit auf einem der Suez-Außenposten sein, als Teil einer Routineeinberufung ein paar Wochen zuvor. Aber er wurde an der Universität aufgehalten, verpasste den Bus, und als er den Stützpunkt erreichte, war die Einheit schon weg. Die Armeebeamten schickten ihn nach Hause. Wäre er pünktlich gewesen, hätte ihn der Überraschungsangriff erwischt und er wäre jetzt tot oder gefangen. Stattdessen war er in einer Synagoge in Jerusalem.

Obwohl es Jom Kippur war, an dem der Gebrauch von Elektrizität verboten ist, sagte der Rabbiner, dass es erlaubt sei, das Radio einzuschalten, denn die Einberufungscodes der verschiedenen Einheiten wurden darüber verlesen. Auch die Fahrt zu den Einberufungszentralen war erlaubt, denn das Judentum stelle den Grundsatz der Rettung von Menschenleben über andere religiöse Gebote, sogar über die Gesetze von Jom Kippur.

Im Getümmel der Einberufungszentrale traf Joel einen Bekannten, der in Italien Medizin studierte. Die Heeresbeamten wiesen diesen Medizinstudenten einem Panzerbataillon und Joel den Fallschirmjägern zu, obwohl Joel im Gegensatz zu dem Medizinstudenten tatsächlich in einer Panzereinheit gedient hatte und nie aus einem Flugzeug gesprungen war. Das war die Logik der Armee. Die beiden versuchten, die Zuteilung zu ändern, aber die Angestellten hatten bereits Durchschläge der Listen angefertigt. Es war zu müh-

sam, sie zu ändern. Der Medizinstudent wurde durch eine Mine getötet.

Joels Fallschirmjägerkompanie kam ein paar Tage später auf den
Sinai und landete irgendwo südlich des Mitleh-Passes, wo genau,
weiß er nicht. Sie fuhren gerade in Lastwagen durch die Wüste, als sie
hörten, dass General Mendler tot war. So datiert er seine Ankunft im
Krieg. Ohne dieses Ereignis hätte er den Zeitpunkt nicht zuordnen
können.

Sie trugen schwere Ausrüstung über die Dünen. Er war nicht in
Form und hatte Schwierigkeiten, mitzuhalten. Er erinnert sich nicht
an die Reihenfolge der Ereignisse, nur an Schnappschüsse: vier israelische Panzer auf einer Anhöhe vor ihm, dem Feind zugewandt, dann
vier Explosionen, eine nach der anderen. Der Wüstenboden war mit
einem Spinnennetz aus feinen Fäden bedeckt, man stolperte darüber,
man sah sie in der Sonne glänzen, sie waren wunderschön – die Füh-
rungsdrähte der ägyptischen Raketen. Die israelischen Panzer waren
ein paar hundert Meter entfernt. Joel erinnerte seinen Leutnant daran,
dass er Sanitäter war, und fragte, ob er hinübergehen und helfen sollte.
„Nur wenn du die Überreste aus den Panzern kratzen möchtest", sagte
der Leutnant. Ab und zu kamen rußverschmierte Gestalten in Panzer-
overalls aus dem Sand auf einen zu. Sie fragten, woher man komme,
und versuchten herauszufinden, wohin sie gehen sollten. Niemand zu
Hause wusste, wer tot oder lebendig oder gefangen genommen war.
Joels Eltern waren in Boston und er wusste, dass sie sich Sorgen machten, also schrieb er ihnen einen Brief auf der Rückseite eines Etiketts,
das er von einer Dose Erbsen abzog. Die Einheit erhielt eine Kiste mit
neuen Schulterraketen aus einer amerikanischen Lieferung. Ein Soldat, der in der Nähe von Joel stand, feuerte versehentlich eine ab, die
ihn nur knapp verfehlte. Joels Kriegsgeschichte ist eine von knappen
Fehlschüssen.

Der berühmte Sänger Yehoram Gaon kam, um für sie aufzutreten.
Er wurde an der ganzen Front herumgefahren und hielt für Gruppen
von Soldaten an. Als er Joel und seine Freunde erreichte, hatte er keine Stimme mehr und konnte nicht mehr singen. Er entschuldigte
sich.

Es gab ein Trommelfeuer, und jemand rief etwas, das wie *esh ness!*
klang. Joel verstand nicht, was das bedeuten sollte. Er war erst ein paar
Jahre zuvor aus Amerika gekommen, 1969, frisch von der Universität

Boston, mit nicht viel mehr als einem Kassettenrekorder und etwas Dylan, Rabbi Carlebach und Leonard Cohen. Sein Hebräisch war noch nicht besonders gut, aber er wusste, dass *esh* für Feuer und *ness* für ein Wunder stand, und er vermutete, es sei vielleicht von eine Art Wunder-Feuerbombe die Rede. Tatsächlich bedeutete das Wort *ness* hier etwas anderes, es war ein hebräisches Akronym für ein massives Anti-Batterie-Sperrfeuer – die Art von Beschuss, vor der man unbedingt davonlaufen sollte. Alle rannten zu den Halbkettenfahrzeugen, um zu entkommen, aber es gab einen Mann namens Bar-On, der wie versteinert im Sperrfeuer stand und nirgendwo hinlief. Er wollte nicht auf die Vernunft hören und stand einfach nur da. Joel blickte als Psychologe in seinen Siebzigern auf dieses Ereignis zurück. Sie mussten diesen Soldaten „psychologisch behandeln", erinnerte er sich, was bedeutete, dass einer der anderen auf ihn zuging und ihm ins Gesicht schlug; dann warfen sie ihn in das Halbkettenfahrzeug.

Er war die ganze Nacht wach und kam schließlich mitten am Tag an einen Ort, an dem sie sich ein paar Stunden ausruhen durften. Es war kein Stützpunkt, nur ein provisorisches Lager im Sand. Mit angezogenen Stiefeln fiel er in einen tiefen Schlaf. Er wurde ohnmächtig, wie man es als Soldat eben so macht – teils vor Erschöpfung, teils weil Alkohol und Drogen nicht zur Verfügung stehen und der Schlaf die einzige Möglichkeit ist, das Geschehen zu verdrängen. Kein ziviler Schlummer ist so tief. Er schlief, als er die Stimme hörte. Er wusste, wer es war.

„Ich hörte den Gesang und dachte, offensichtlich träume ich", sagte er. „Ich versuchte aufzustehen, aber ich konnte nicht. Ich fiel zurück. Ich hörte es wieder und sagte nein – ich muss aufstehen und nachsehen, was los ist." Das geschah drei, vielleicht vier Mal. Aber er konnte nicht aufwachen. Am Ende fiel er in einen noch tieferen Schlaf. „Ich dachte: Das kann nicht wahr sein, aber es ist ein schöner Traum, also träume ich weiter."

Nach einer Weile rüttelten ihn andere Soldaten wach und er kam im Sand wieder zu sich. In dieser Nacht gab es einen Hinterhalt und sie mussten sich vorbereiten. Sie sagten, ein Sänger sei gekommen, ein amerikanischer Jude mit einer Gitarre, den sie nicht kannten. Er spielte ein paar Lieder und fuhr davon. Nein, sagte Joel – das kann nicht sein. Aber er war es. Es war wirklich Cohen auf dem Sinai. Auch das verpasste er.

16.

AUFSCHUB

Im Buch Jona gibt es eine letzte Szene, in der der eigensinnige Prophet seinen göttlichen Auftrag in Ninive endlich erfüllt hat. Jetzt ist er auf freiem Feld außerhalb der Stadt und sitzt in der prallen Sonne. Er hat viel durchgemacht – einen Schiffbruch, den Bauch des Fisches. Gott ruft eine Pflanze herbei, die sich mit übernatürlicher Geschwindigkeit über Jonas Kopf ausbreitet, ihm Schatten spendet und ihn „sehr glücklich" macht. Vielleicht hat er es endlich begriffen. Tatsächlich aber wird Gott kurz darauf einen Wurm schicken, um die Pflanze zu töten und sich weiter um Jonas Erziehung zu kümmern. Aber das weiß der Held noch nicht.

Cohen und der Band wurde eine Pause gegönnt:

Dakota brachte uns zurück nach Lod. Wir wurden nach Tel Aviv gefahren. Ich fühlte mich sehr stark. Ich habe Aleece nicht in die Enge getrieben, ich habe nicht nach Rochel gejagt. Ich trank mit den Kriegskorrespondenten an der Bar im Dan Hotel. Ich war ein ernstzunehmender Mensch, der den Krieg gesehen hatte.

17.
DIE GESCHICHTE
VON ISAAK

Niemand in Tokio wusste, dass Jom Kippur war. Auch Isaak ist sich nicht sicher, ob er es wusste. Er war so weit weg wie möglich von Israel und den Juden und seinem Kibbuz, der „Shaked"-Aufklärungs- einheit und der Jagd auf Infiltratoren an der Grenze zum Gazastreifen. Er hatte abgeschlossen mit der Armee. Nun war er draußen in der Welt, jenseits der äußeren Grenzen, und verkaufte seine Gemälde in der U-Bahn – Ginza Line, Marunouchi Line, Toei Line 1. Kyobashi Station, Toranomon Station, Akasaka-mitsuke. Schaffner mit weißen Hand- schuhen. Neonlicht, das sich auf nassem Asphalt spiegelt. Schulmäd- chenzöpfe und Elvis-Frisuren.

Er hatte nicht vor, nach Hause zu gehen. Aber als die Nachricht kam, wusste Isaak, dass seine Freunde mittendrin sein würden, und das Bedürfnis, bei ihnen zu sein, überlagerte alles andere. Er ließ sei- nen kleinen Toyota in einer Werkstatt stehen, zusammen mit einem Zettel, auf dem er den Mechaniker bat, ihm sechshundert Dollar nach Israel zu schicken, aber das Geld sollte er nie bekommen. Dann kratzte er seine bescheidenen Ersparnisse zusammen und versuchte, einen Flug von Japan in Richtung Westen zu bekommen.

Isaak hatte bei der „Shaked" einen Freund namens Shlomi, der am anderen Ende der Welt in London als Flugbegleiter für El Al arbeitete. In der israelischen Armee ist die Einheit „Shaked" eine Legende aus alten Tagen, als es noch wilde Einheiten gab, die jenseits der Regeln operierten. Die Soldaten von „Shaked" hatten ihre eigene Ziegenherde. Sie wechselten sich ab mit dem Hüten der Herde. Es waren meist Ju- gendliche, frisch von den Feldern der Kibbuzim, die im praktischen Kommunismus und den Idealen des säkularen Humanismus erzogen worden waren. Gute Kämpfer. Die Einheit hielt nichts davon, Gefangene zu machen. Wenn man gegen die „Shaked" kämpfte, starben entweder sie oder man selbst. Die Philosophie stammte von dem beduinischen Kämpfer Abdel Majid Haydar, der irgendwann beschlossen hatte, jemand anderes zu sein, seinen Namen änderte und der israelische Kommandant Amos Yarkoni wurde. Er hatte nur einen Arm. Eine lange Geschichte.

Isaak und Shlomi hatten unter einem blonden, etwas verrückten Offizier gedient, einem der besten jungen Feldkommandeure der Armee. Keiner nannte ihn bei seinem richtigen Namen, Amatzia, alle nannten ihn Patzi. Es gibt viele Geschichten über Patzi. Einmal, einige Jahre vor dem Krieg, waren die „Shaked"-Soldaten auf einem Einsatz tief in Jordanien und schafften es nur knapp, sich bis zur israelischen Grenze zurückzukämpfen. Sie wollten sich gerade in Sicherheit bringen, als Patzi die gesamte Truppe im Feindesland stoppte. Er erinnerte alle daran, dass Purim war, das rauschende Fest der Masken und Trunkenheit, und zwang sie alle, dort stehenzubleiben und zu seiner Freude Purimlieder zu singen, bevor er sich bereit erklärte, sie nach Hause zu führen.

Einige der Geschichten von „Shaked" klingen wie irische Balladen oder Country-Songs. Bei einem Überfall auf Jordanien töteten die Soldaten versehentlich eine Stute. Sie legten einen Hinterhalt für Guerillas und das Pferd überraschte sie. Am Morgen entdeckten sie ein wunderschönes rotes Fohlen, das in der Nähe der Leiche seiner Mutter graste, und da sie Bauernkinder waren, fingen sie es mit dem Lasso ein, brachten ihm Gras und versorgten es in dem Haus, in dem sie sich versteckt hielten. Als die Einheit nach Israel zurückkehrte, schmuggelte einer der Leutnants das Fohlen in einem Halbkettenfahrzeug über die Grenze und nahm es mit, um es in seinem Kibbuz im Norden unterzubringen. Er verließ die Armee, als seine Freundin schwanger wurde, ging zum Reservedienst an den Suezkanal und wurde von einer ägyptischen Mine in die Luft gesprengt. Er hinterließ eine kleine Tochter und das jordanische Fohlen. Danach, so heißt es, habe der Vater des Leutnants nur noch selten gesprochen. Er verlegte sein Bett in den Stall und zog das rote Fohlen wie einen Sohn auf. Die Nachkommen des Pferdes galoppieren noch immer im Norden Israels umher.

Von Tokio aus gelang es Isaak, einen Flug nach Rom zu bekommen, wo der El-Al-Schalter überfüllt war und die Leute reihenweise abwies. Aber die Offiziere der Infanterie wurden durchgelassen. So schaffte er es von Japan bis zu seinem Kibbuz Evron, der an der Küste nahe der

Grenze zum Libanon liegt. Er war lange Zeit weg gewesen und hatte nicht damit gerechnet, wiederzukommen. Keiner wusste, dass er kommen würde. Er ging durch das Tor und die Straße hinauf zu der Fabrik, die Bewässerungsventile herstellte. Dort stand er mit seinem zotteligen Rauschebart und seinem Rucksack, als sein Vater auf einem Fahrrad vorbeifuhr. Er war mit seiner Arbeit beschäftigt, lenkte mit der rechten Hand und hielt mit der linken eine Holzleiter. Er erkannte seinen Sohn nicht.

Isaaks Vater, Michael, war ein kleiner Mann, der in einem Budapester Kaufhaus gearbeitet hatte. Michael hatte vor Isaaks Geburt eine andere Familie, eine Frau und zwei Töchter, die zwei und vier Jahre alt waren. Alle drei wurden von den Deutschen getötet, aber Michael überlebte in einer Gruppe von Zwangsarbeitern, deren Mitglieder durch Minenfelder laufen mussten. Wenn man einen Fuß verlor, erschossen die Deutschen einen einfach. Am Ende wurde er einhundertzwei Jahre alt.

Auch Isaaks Mutter war vor dem Krieg mit einem anderen Mann verheiratet und hatte ein weiteres Kind, auch sie überlebte allein. Das war in Israel damals nicht ungewöhnlich. Michael war durch die Einwanderung eingeschränkt worden, er verlor seinen Status und seine

Beschäftigungsaussichten in diesem rauen neuen Land. Er wurde Anstreicher im Kibbuz. Isaaks Mutter, die schön war und glamourös aussah, verließ ihn für einen anderen, als Isaak noch klein war. Isaak war Michaels einziger Sohn und alles, was er noch hatte.

Isaak war noch kein professioneller Fotograf, das würde er erst später werden. Aber er hielt schon jetzt ständig seine Kamera, eine Nikon F2, in der Hand. Er hielt sie auch in der Hand, als sein Vater vorbeifuhr. Dies wurde das erste Bild von Isaaks bemerkenswertem fotografischen Bericht über den Krieg:

Nachdem er das Bild geschossen hatte, senkte Isaak die Kamera und rief seinen Vater.

Michael war überglücklich, ihn zu sehen. Niemand hatte genau gewusst, wo Isaak war oder ob er es zurückschaffen würde. Andere junge Männer aus dem Kibbuz waren gekommen und im Krieg verschwunden, und man stellte sich offenbar Fragen über diejenigen, die noch nicht aufgetaucht waren. Vielleicht wurden sie nicht einmal laut gestellt, aber angedeutet. Diese Kinder waren zum Kämpfen erzogen worden. Das jüdische Volk verlangte es, damit sich das, was früher geschehen war, nicht wiederholen konnte. Würden sie tun, was von ihnen erwartet wurde?

Michael war nicht nur froh, seinen Sohn wiederzusehen, er war erleichtert. Er sagte etwas, das Isaak nie vergessen sollte und das er mir in einem kleinen Kibbuz, ein paar hundert Meter von dem Ort entfernt, an dem sich dieser Moment siebenundvierzig Jahre zuvor ereignet hatte, wiederholte. Er hatte den Satz viele Male wiederholt und ihn in seinem Kopf umgedreht. Sein Vater sagte: „Ich bin so froh, dass du in den Krieg gekommen bist."

Isaak liebte seinen Vater bis zu dessen Tod. Er hat ein großes Foto von ihm an der Wand hängen, das er selbst aufgenommen hat. Aber er hat diese Worte nie vergessen – die Art und Weise, wie sein Vater bereit war, ihn zu opfern, die Vorstellung, dass es Dinge gab, die wichtiger waren als sein einziger lebender Sohn. Es ist eine verstörende Geschichte, eine unserer ältesten, aus der Genesis. Wäre dies ein Roman, so würde der Autor es nicht wagen, die Figur des Junge Isaak zu nennen. Das wäre zu viel.

18.

YUKON

Isaak war noch unterwegs, als sein Freund Shlomi, der Flugbegleiter, an die Front kam. Er schlich sich entgegen den Anweisungen des für die Sicherheit in Heathrow zuständigen Offiziers in einen Flug nach Tel Aviv. Hunderte von Israelis kampierten auf den Flughafenteppichen und versuchten, nach Hause zu kommen; es gab Terrorismusdrohungen, und das Sicherheitspersonal der Fluggesellschaften (darunter auch Shlomi) hatte den Befehl erhalten, vor Ort zu bleiben und den Krieg sich selbst zu überlassen. Shlomi genoss London. Bevor er den Job als Flugbegleiter bekam, war er noch nie außerhalb Israels gewesen, mit Ausnahme der Angriffe in Jordanien, und er hatte noch nie an Bord eines Flugzeugs gesessen, das nicht ein Armeehubschrauber war. Aber jetzt war er in New York gewesen und hatte ein Konzert von Pink Floyd gesehen. Er hätte sich freistellen lassen und wegbleiben können. Aber er wusste, ohne dass man es ihm sagte, dass die Männer der „Shaked"-Aufklärungseinheit und Patzi selbst sich wieder versammeln würden, und er musste dabei sein.

Als Shlomi in Israel landete, nahm er einen Bus zum großen Stützpunkt in Julis, wo sich die Reservisten meldeten. Er trug immer noch die Anzugsjacke, die er als Flugbegleiter tragen musste, ein Kleidungsstück, das niemand, der bei Verstand war, in Israel trug. Er sah aus wie ein Exzentriker unter den Hunderten von Männern, die in Jeans und Sandalen auf dem Rasen standen. Alle plauderten und rauchten und warteten darauf, dass ihnen jemand sagte, was zu tun war. Es war die Rede davon, dass die Armee in wenigen Tagen ein neues Panzerbataillon aufstellen würde, aber niemand wusste etwas genaueres. Shlomi verstand, dass dieser Stützpunkt für Leute gedacht war, die es nicht eilig hatten zu kämpfen. Obwohl er die Papiere, die ihn zum Soldaten machten, bereits unterschrieben hatte, sprang er über einen Zaun – was bedeutete, dass er offiziell unerlaubt abwesend war – und fuhr per Anhalter zu seiner Wohnung in der Nähe von Tel Aviv. Er wollte das Gewehr, die Uniform, die Stiefel und den Helm unter seinem Bett hervorholen, aber sie waren nicht da. Einer seiner Mitbewohner hatte gedacht, Shlomi würde nicht mehr zurückkommen, und hatte seine Ausrüstung mitgenommen.

Die Nacht war wegen des Stromausfalls dunkler als sonst. Er begann zu trampen, in der Hoffnung, es irgendwie auf den Sinai zu schaffen. Er stand am Straßenrand in der Nähe von Aschkelon, als ein Bus anhielt, in dem sich die berühmte Unterhaltungstruppe der „Kämpfenden Pionierjugend" befand. Sie war gerade auf dem Weg nach Süden, um für die Truppen zu spielen. Sie hielten kurz an einem Stützpunkt, wo Shlomi nach einem Panzerbataillon suchte, dessen Kommandeur er kannte, aber die Notlager waren leer und die Panzer verschwunden. Die einzige Person dort war eine junge Angestellte.

„Wo ist das Bataillon?" fragte Shlomi.

„Es gibt kein Bataillon", sagte sie. „Sie waren unter den Ersten, die den Kanal erreichten, und es ist nichts mehr von ihnen übrig."

Shlomi sah eine Uzi mit einem Munitionsmagazin herumliegen. Er nahm sie und fuhr mit den Musikern weiter Richtung Süden, in den Sinai. Ihr Ziel war der hintere Stützpunkt in Baluza. Er kannte den Ort, der in sicherer Entfernung von den Ägyptern lag und genau die Art von Stützpunkt war, von der man träumt, wenn man im Einsatz ist – einer mit Duschen, Schokoriegeln, Mädchen. Doch als sie in den Stützpunkt einfuhren, dröhnte aus den Lautsprechern der Befehl, zu den Zäunen zu rennen und nach draußen zu schießen. So nah waren die Ägypter. Es war der vierte Tag des Krieges. Shlomi war davon ausgegangen, dass er die Ägypter auf dem Kanal bekämpfen würde. Wenn sie so weit vorgedrungen waren, war die Lage viel schlimmer, als alle sagten.

Nach einer Nacht, in der Shlomi Stellungen entlang des Zauns besetzte, nahm er einen Jeep zu einem Lager tiefer im Sinai. Jemand sagte, Ariel Sharon sei dort, und Shlomi wusste: Wenn der stämmige General dort war, würde auch Patzi nicht weit sein. Wer Action wollte und einen Befehlshaber, der sich mehr um seine Untergebenen als um seine Vorgesetzten kümmerte, blieb in der Nähe von Sharon. Zu diesem Zeitpunkt war Shlomi von London aus schon zwei Tage unterwegs gewesen. Er schlenderte zwischen den Fertigbauten dieses neuen Wüstenstützpunktes umher und sah drei Soldaten, die an einem Feuer knieten und Kaffee in einer leeren Obstkonserve zubereiteten. Zwei waren ehemalige „Shaked"-Offiziere wie Shlomi, und der dritte war Patzi selbst, der unter seinen blonden Locken grinste, als Shlomi sich ihm näherte. „Diesen Moment werde ich nie vergessen", sagte Shlomi. „Es war, als hätte jemand die Pforten des Paradieses geöffnet, und da waren die Engel und siebzig Jungfrauen." Jetzt war er mitten in der Katastrophe, da, wo er hingehörte.

Keiner von ihnen war einer Reserveeinheit zugeteilt worden (sie waren ja gerade erst aufgetaucht), deshalb erklärten sie sich kurzerhand zu einer eigenen Einheit. Sie hatten bereits einen Jeep, und Shlomi machte sich auf den Weg zum Stützpunkt, um einen zweiten zu stehlen. Diese Einheit war den Eingeweihten als „Force Patzi" bekannt, obwohl sie offiziell nie existierte.

Am 14. Oktober, gegen 3 Uhr morgens, überquerten einige ägyptische Hubschrauber die Kampflinien im Sinai und setzten eine Abteilung von Kommandotruppen in der Nähe eines Punktes ab, der auf israelischen Karten unter dem kanadischen Namen „Yukon" bekannt war. Dort hatte die Armee die großen Rollbrücken konzentriert, die für einen Gegenangriff über den Suezkanal benötigt würden, falls es dazu überhaupt kommen würde. Noch sah es nicht danach aus, denn die Israelis taumelten noch immer, und die Ägypter waren im Begriff, ihre Panzerkolonnen tiefer in den Sinai zu schicken. Israelische Aufklärer sahen die Hubschrauber landen und schätzten, dass sich eine etwa hundert Mann starke ägyptische Kommandoeinheit in der Wüste bei Yukon befand.

Einige andere Offiziere der „Shaked"-Aufklärungseinheit waren eingetroffen, auch sie hatten den Weg zu Patzi an diesem Ende des Sinai gefunden. Einer von ihnen war Eitan, der von der Ingenieurabteilung der Ben-Gurion-Universität herbeigeeilt war, ein anderer Katz, der sich dadurch auszeichnete, dass er ein gläubiger Jude und kein atheistischer Kibbuznik war. Die improvisierte Truppe holte einen gepanzerten Mannschaftswagen ab, der seine Einheit verloren hatte und von einem Mann namens Saul aus Beerscheba gefahren wurde. Noch vor dem Morgengrauen führte Patzis Jeep diese Besatzung in die Wüste, um die Kommandotruppen zu finden. Patzi selbst war am Maschinengewehr, Shlomi am Steuer. Andere Offiziere hätten vielleicht Gründe gefunden, die Aktion zu verzögern, Verstärkung anzufordern oder die Luftwaffe anzufunken und zu warten. Das Dutzend Männer rund um Patzi würde um das Zehnfache in der Unterzahl sein.

Sie holten sich einige Panzer von der 600. Reservebrigade. Shlomi erinnert sich, wie er von der Straße abkam und Fahrspuren in der Wüste folgte, bis er an eine Anhöhe gelangte. Plötzlich befand sein Jeep sich inmitten einer Masse von am Boden liegenden Männern, die sich in Schützenlöchern verschanzt und im Gebüsch versteckt hatten.

Es war so eng wie in einer antiken Schlacht – man konnte den Feind berühren und er dich. Während Shlomi heranfuhr, eröffneten die Ägypter das Feuer. Als der gepanzerte Mannschaftswagen, der von Saul aus Beerscheba gefahren wurde, über die Anhöhe kam, wurde er von einer Rakete getroffen, die Saul in der Fahrerkabine und Eitan, den Ingenieurstudenten, im Heck erwischte. Das Fahrzeug stand einfach nur da und stieß schwarzen Rauch aus, aber Shlomi bemerkte das erst hinterher und registrierte die Anwesenheit der Panzer kaum. In seiner Erinnerung ist er mit Patzi allein in ihrem Jeep. Er weicht wütend aus, fährt dann rückwärts die Düne hinunter, kommt an einer anderen Stelle des Hügels wieder hoch und Patzi beginnt erneut zu schießen. Rein und raus, dann wieder zurück, auf die Männer neben dem Jeep feuernd. Als die Ägypter auf die Israelis in ihrer Mitte schossen, trafen sie sich gegenseitig. „Wir drehten Runde um Runde und töteten und töteten" – so beschrieb es mir Patzi, als wir in seiner Küche darüber sprachen. „Sie starben in ihren Stellungen."

Es gibt eine 1200-seitige Regimentsgeschichte der 600. Brigade – ein detaillierter Bericht über den Albtraum einer Einheit im Sinai, verfasst von einem der Nachwuchsoffiziere, dem späteren Universitätsprofessor Menachem Ben Shalom. Der Bericht enthält Zeugenaussagen der Panzerbesatzungen, die an jenem Morgen vor Ort waren, darunter auch der Autor selbst. Einer der Panzer wurde kurz darauf von einer Rakete getroffen, wodurch der Kommandant im Turm erblindete. Die anderen stürmten in die Masse der Infanterie. „Wir entdeckten die Kommandotruppen", erinnerte sich ein Besatzungsmitglied und wechselte dann ins Präsens, als ob dies immer noch geschähe, „und ich greife mit dem Maschinengewehr und den Gleisketten des Panzers an, ich zerquetsche die Leute und verliere jeden Funken von Menschlichkeit." Ein Ladeschütze namens Andrei erinnerte sich daran, „einen Mann mit einer Panzerfaust vor mir zu sehen, und der Befehl wurde gegeben, ihn zu überfahren, und ich erinnere mich an das schreckliche Bild des ägyptischen Soldaten, der versteht, dass wir ihn überfahren werden, und ich sehe das Entsetzen in seinem Gesicht, als wir ihn überfahren."

„Ein mutiger Soldat von ihnen stand plötzlich zehn Meter vor dem Panzer und hielt eine Panzerfaust in der Hand, die direkt auf uns gerichtet war, direkt auf mein Periskop", erinnert sich Ofer, Fahrer in einem Panzer, der von einem Offizier namens Yehuda Geller befehligt wurde. Der Offizier saß exponiert im Turm und sprach über die Sprechanlage mit Ofer. „In diesen Sekunden flüsterte ich zu mir ‚Höre, oh Israel'", sagte er und zitierte die Worte des Gebets, das Juden in den Momenten vor dem Tod sprechen, „und wartete auf das Schlimmste. In diesem Moment gab Yehuda Geller vom Geschützturm aus mit seiner Uzi ein paar Schüsse auf den Soldaten ab. Meine Trance wurde durch Yehudas Schrei unterbrochen: ‚Brich nach links durch, zerquetsch ihn'. Ich drehte mich nach links und überfuhr den tapferen Soldaten."

Niemand kann sich genau daran erinnern, wie lange die Schlacht dauerte. Die Ägypter kämpften fast bis zum letzten Mann. „Niemand hat sich ergeben", sagte Patzi. Aber das Wort „fast" ist entscheidend, denn einige aus der Panzerbesatzung sagen, dass es feindliche Soldaten gab, die auf dem Boden lagen, vielleicht tot, vielleicht nicht, und dass Patzi auf sie schoss, um sicherzugehen. Es gibt eine verschwommene Zeit am Ende einer Schlacht, wenn niemand sicher ist, ob sie vorbei ist, und die Ungewissheit kann einen umbringen: Während sich ein feindlicher Soldat ergibt und du deine Deckung senkst, schießt dir sein Freund vielleicht in den Rücken. Ein paar Tage zuvor wäre genau das in einer kleineren Schlacht beinahe passiert. Patzi hatte gesehen, wie sich ein ägyptischer Offizier ergab, dann aber seine Meinung änderte und sein Gewehr hob. Patzi schoss zuerst. Es bestätigte sich der Grundsatz, den sie in der Aufklärungseinheit befolgten: Die Schlacht ist erst dann vorbei, wenn man sicher ist, dass alle feindlichen Soldaten tot sind.

Als die Israelis die Kommandotruppen überwunden hatten, sahen einige Mitglieder der Panzerbesatzung, wie zwei oder drei feindliche Offiziere versuchten, sich zu ergeben, aber von Patzi getötet wurden. Patzi und seine Männer haben das allerdings nicht so in Erinnerung. Panzerbesatzungen sind darauf trainiert, Befehle zu befolgen, Teil der Maschine zu sein und aus großer Entfernung zu töten. Sie waren nicht an den Nahkampf gewöhnt und hatten noch nie jemanden wie Patzi gesehen. Sie hielten ihn für einen Berserker. Die Männer, die an der Schlacht teilnahmen, beschreiben Patzi mit einer Sprache, die weniger nach Sinai als nach Troja klingt. Sie alle waren Soldaten, die versuchten, das zu tun, wozu sie gezwungen waren – er hingegen war für diese Aufgabe geboren, und das sieht man nicht allzu oft. Er gehörte zu denen, die Kriege für dich gewinnen. Und die dich davor bewahren, zu wissen, was das bedeutet.

Als die Schießerei aufhörte und die Wüste still wurde, hörten alle ein unheimliches Heulen über der Szenerie, als bliese jemand ein Widderhorn. Erst dann blickte Shlomi hinüber und sah den gepanzerten Mannschaftswagen, der rauchend auf der Anhöhe stand. Saul aus Beerscheba war über der Hupe zusammengesunken. Daher kam das schreckliche Geräusch. Eitans Leiche lag auf dem Rücksitz, und als ein Rettungshubschrauber landete, hatte Katz, der religiöse Offizier, schon den größten Teil seines Blutes verloren. Shlomi schaffte Sauls Körper aus dem Fahrersitz, und die Hupe verstummte.

19. AFRIKA

Ein paar Tage später nimmt Isaak, als er es endlich mit seiner Kamera aus Tokio zurückgeschafft hat, ein Foto von Patzi auf. Der Kommandant lehnt an einem gepanzerten Mannschaftstransporter. Wenn man genau hinsieht, kann man rechts neben seinem Kopf das kleine Loch sehen, in das die Rakete eingeschlagen ist. Er hat ein ungewöhnliches Musikinstrument in die Hand genommen, das von ägyptischen Soldaten zurückgelassen wurde, eine Art improvisierte Leier, und zwischen seinen Fingern steckt eine Zigarette. Wer die Bibel kennt, denkt unwillkürlich an den schönen Mörder mit seinem geheimen Akkord.

Einer von Isaaks Freunden hatte ihm ein russisches Gewehr geschenkt, das er dem toten Kommando abgenommen hatte. Er musste es vom Blut säubern. Aber sein wichtigster Ausrüstungsgegenstand war die

Nikon, die er fast die ganze Zeit dabei hatte. Sie diente nicht nur dazu, die Ereignisse festzuhalten. Die Kamera, sagte er mir, war sein Schutzschild. Jahre später, als sein Vater im Sterben lag, machte er Fotos: „Wenn ich eine Kamera in der Hand halte, bin ich nicht ich selbst." Nur wenige Offiziere hatten Kameras, und kein Pressefotograf war so nah an den Kämpfen dran wie er. Nur dank Isaaks Filmrollen können wir sehen, wie damals alles aussah. Da er sich bei seiner Landung aus Japan nicht bei der Armee meldete, sondern einfach an die Front ging, hat er nie offiziell im Krieg gedient, auch nicht bei der Force Patzi, der Einheit, die es offiziell nicht gab. Manchmal ist es schwer zu glauben, dass all diese Dinge passiert sind, oder dass er dabei war. Aber wir haben die Fotos.

Auf einer Aufnahme kniet Patzi in der Mitte. Über ihm, mit einem dunklen Haarschopf und einem aufgeknöpften Hemd, steht Shlomi, der Flugbegleiter. Isaak ist der Bärtige, der auf der rechten Seite kniet.

Mittlerweile hatten sich die Israelis von dem Schock der ersten Woche erholt. Nun sollten die Karten neu gemischt werden: mit einer Kanalüberquerung und einem Durchbruch auf die ägyptische Seite, die die israelischen Soldaten „Afrika" nannten. Dies würde entweder den Krieg entscheiden oder in einer Katastrophe enden. Die gesamte Armee bewegte sich auf den Kanal zu, die Straßen durch die Wüste waren mit Armeefahrzeugen und beschlagnahmten zivilen Autos und Bussen verstopft. Auch davon hat Isaak eine Aufnahme:

Im Vordergrund, mit der Zigarette, steht ein Offizier namens Joshua, dem Patzi die Aufgabe erteilt hatte, in der Nacht der Überfahrt einen der ersten Panzer zur Wasserlinie zu führen. Der Panzer wurde von einer ägyptischen Granate getroffen und Joshua wurde getötet. Immer wieder mussten die Fahrzeuge auf ihrem Weg in die Entscheidungsschlacht in den Sand ausweichen, um Platz für Lastwagen zu schaffen, die Verwundete von der Front zurückbrachten. „Ein Geistlicher erschien am Straßenrand und verteilte Exemplare der Psalmen", so ein Historiker, „die sogar von bekennenden Agnostikern verschlungen wurden."

Isaak hat ein Foto von Shlomi gemacht, dem Flugbegleiter, der ein Maschinengewehr reinigt, während sie sich auf den Vorstoß über den Kanal vorbereiten:

Hier ein Foto von ihnen, wie sie die Route planen:

Wie sie duschen:

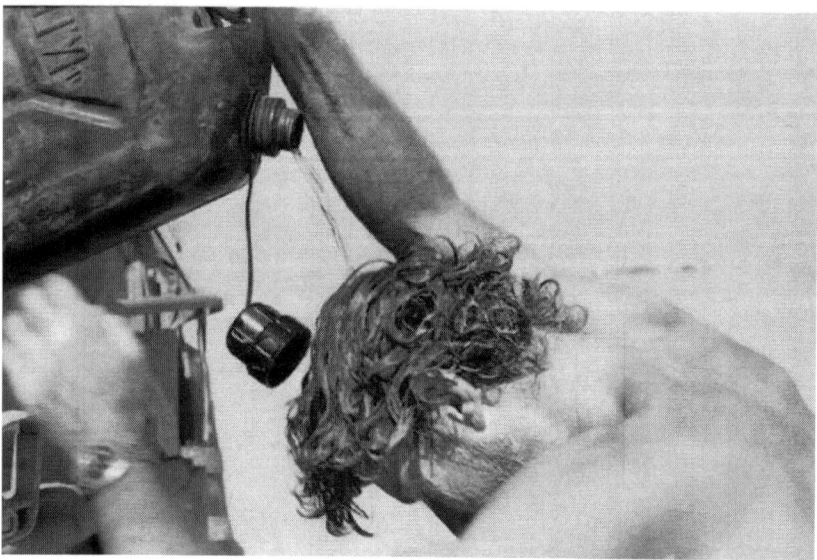

Wie sie versuchen zu schlafen:

Aber es war nicht leicht.

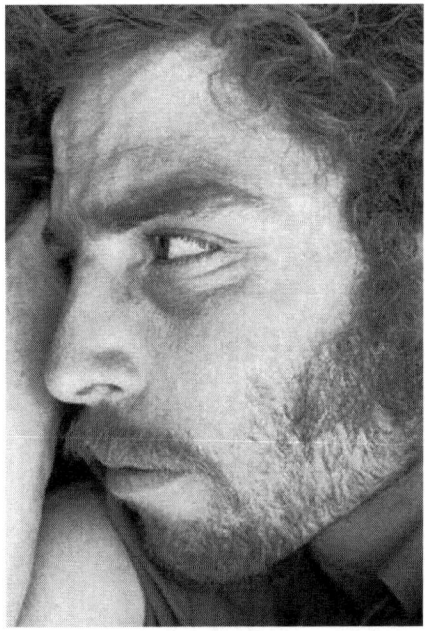

Die ersten Truppen überquerten den Kanal und erreichten „Afrika",
ohne entdeckt zu werden. Als die Ägypter herausfanden, was die
Israelis getan hatten, fanden sich die Soldaten der Force Patzi in einem Rechteck am Kanalufer wieder, das „Yard" genannt wurde. Hier
setzten die Truppen von General Sharon unter mörderischem Beschuss über. Der General selbst wurde leicht am Kopf verwundet,
und Soldaten und Ingenieure wurden im Yard und auf der brüchigen
Brücke über den Kanal getroffen. Isaak brachte die Verwundeten zu
einem wenige Meilen entfernten Stützpunkt – sie beluden ihren gepanzerten Mannschaftswagen mit so vielen Verwundeten wie möglich, rasten zurück, luden sie aus und fuhren erneut zur Wasserlinie.
Isaak erinnert sich, wie fünf Männern vor ihm auf dem Boden lagen
und einer von ihnen so laut schrie, dass er ihn bitten musste, aufzuhören.

In seiner Autobiografie „Warrior" beschreibt Ariel Sharon, wie der
Yard mit Fahrzeugen vollgestopft ist, während Granaten niederpras-
seln. Ein Panzer fährt vor, der Geschützturm öffnet sich, ein junger Soldat klettert heraus. Es ist der Sohn von Sharons eigenem Meldeoffizier,
ein Mann mittleren Alters, der im gepanzerten Mannschaftstransporter
des Generals sitzt. Vater und Sohn umarmen sich, sagen ein paar Worte, und dann zieht der Sohn mit seinem Bataillon in die Schlacht. Eine
Stunde später trifft die Nachricht ein, dass der Sohn verwundet ist, und
der Vater verlässt kurz seine Position, um herauszufinden, was passiert
ist. Als er zurückkommt, berichtet er Sharon, dass sein Sohn in einem
kritischen Zustand sei, an der Wirbelsäule verwundet und unfähig, seine Beine zu bewegen. Dann macht er sich wieder an die Arbeit. Auch
der Sohn eines Kommandeurs der Fallschirmjäger, die den Kanal überquerten, befand sich in einem Panzer, und auch dieser wurde verwundet. „Überall auf dem Schlachtfeld verloren Väter ihre Söhne und Söhne
ihre Väter", schreibt Sharon. „Männer, die vor fünfundzwanzig Jahren
im Unabhängigkeitskrieg gekämpft hatten, kämpften immer noch." In
seinem Antikriegslied „Story of Isaac" wirft Cohen der älteren Generation vor, die Jungen zu opfern. Aber hier auf dem Sinai waren die Dinge
komplizierter.

Isaak hat keine Bilder von der blutigen Szene im Yard. Auf seinen Fotos sind die Israelis am Leben und grinsen:

Und die toten Soldaten sind allesamt Ägypter:

Doch das waren nur Bilder. Die Realität sah anders aus.

Am zweiten Tag des Gegenangriffs führte Patzi seine kleine Truppe über den Kanal. Als sie in ägyptisches Gebiet vorstießen, gab es noch mehr Tote. Nach einer Weile wird es eintönig, es zu beschreiben. Isaak erinnert sich an Blitzlichter: ein feindlicher Panzer richtete seine Kanone auf sie, ihm wurden die Knie weich – war es das jetzt? –, und dann explodierte der ägyptische Panzer, zerstört von einem israelischen Panzer, den Isaak nicht gesehen hatte. Die Einheit stürmte eine Ansammlung ägyptischer Zelte und tötete die darin befindlichen Soldaten – an mehr kann er sich nicht erinnern, oder er will nicht darüber sprechen. Über den ganzen Krieg sagt er: „Ich habe Fotos gemacht, ich habe Dinge gesehen, die ich nicht glauben kann, ich verdränge alles. Meine Mutter sagte, als ich zurückkam, saß ich eine Woche still und bewegte mich nicht."

Alle erinnern sich daran, dass sie sich wenige Tage nach der Überfahrt in der Nähe eines ägyptischen Luftwaffenstützpunkts namens Fa'id befanden. Am späten Nachmittag tauchte wie aus dem Nichts, wie eine Fata Morgana, ein Lastwagen auf. An Bord: eine der Königinnen des israelischen Gesangs.

Yaffa Yarkoni war eine berühmte Balladensängerin aus dem Unabhängigkeitskrieg, siebenundvierzig Jahre alt. Sie befand sich, zusammen mit den Truppen der Front, auf der anderen Seite des Suezkanals, noch bevor die Armee das Gebiet vollständig kontrollierte. Nicht weit entfernt lagen Leichen in Uniform im Sand verstreut. Irgendwie hatte sie es geschafft, den Kanal mit einem Akkordeonspieler zu überqueren. Sie wollte die Moral heben, und wenn es das Letzte war, was sie tat. Sie trug Jeans, ein Armeehemd und ein orangefarbenes Kopftuch um den Hals.

Sie stand auf der hinteren Rampe von Sharons gepanzertem Mannschaftstransporter und begann zu singen. Der General und seine Soldaten betrachteten sie, als wäre sie die Abgesandte aus einer unmöglichen Welt, in der es Frauen mit orangefarbenen Kopftüchern um den Hals gab. Es wäre schwer zu glauben, dass dies wirklich passiert ist, wenn Isaak nicht mit seiner Nikon dabei gewesen wäre:

Sharon kannte Yarkoni aus dem 48er-Krieg, als sie beide noch jung waren, bevor er ein General und sie eine Königin war, bevor Israel überhaupt ein Land war. Er ging hinüber, um sie zu küssen:

Die Männer erzählen, dass sie noch immer sang, als es über ihnen dröhnte. Eine einsame Sukhoi erschien am Himmel und näherte sich dem Lager.

Der General schob die Sängerin in den gepanzerten Mannschaftstransporter und legte sich auf sie. Das ägyptische Flugzeug fegte über sie hinweg und feuerte seine Kanone ab. Patzi stand im Freien und gab mit seiner Pistole völlig absurde Schüsse auf das Flugzeug ab, bis Shlomi ihn herunterzog. Ein paar der anderen schossen mit ihren russischen Gewehren, und einer von ihnen, Golod, benutzte das große Maschinengewehr, das auf dem gepanzerten Mannschaftswagen montiert war. Man konnte den roten Kreis des Düsentriebwerks sehen, als die Sukhoi hochzog und sich entfernte. Golods Leuchtspurgeschosse stiegen vom Boden auf und flogen genau in den roten Kreis. Das Flugzeug wankte. Die Kabinenhaube wurde abgeworfen und ein hilfloser Pilot schwebte an einem Fallschirm in der Luft, hinunter zu den Menschen, die er gerade zu töten versucht hatte.

Ein paar Soldaten eilten los und schnappten sich den Piloten, sobald er gelandet war. Der Feind.

Die Sukhoi stürzte in der nahen Wüste ab:

Die Soldaten gaben dem Piloten etwas zu trinken und übergaben ihn den Vernehmungsbeamten. Isaak und Shlomi und die anderen nahmen seinen seidenen Fallschirm mit, um ihn als Zelt zu benutzen.

Wie bei vielem in dieser Erzählung ist der genaue Zeitpunkt der nun folgenden Ereignisse unklar. Shlomi glaubt, dass es in der gleichen Nacht passiert sei. Er war gerade von einem Streifzug durch die Wüste in ihr improvisiertes Lager zurückgekehrt, um Benzinkanister für den Jeep zu besorgen. Er brauchte Benzin, aber alles, was er finden konnte, war Diesel. Das Lager bestand aus einer ruhigen Gruppe schmutziger Männer, dem Jeep mit seinem leeren Tank, dem gepanzerten Mannschaftswagen mit dem Raketenloch und den Blutflecken, dazu ein paar Panzer. Einige der Soldaten aßen in der Nähe des Fallschirmzeltes Kampfrationen.

Sie befanden sich irgendwo westlich von Suez, ein Ort, den Shlomi als „Nirgendwo" bezeichnet: „Legen Sie Ihren Finger irgendwo auf die Karte. Dünen. Ein weißer Fallschirm." Shlomi ist kein mitreißender Redner. Er hat schon viel gesehen, und er ist effizient, nicht wortgewandt. Aber hier nahm seine Geschichte einen anderen Ton an. Als er sich dem Lager näherte, hörte er eine Stimme.

„Es ist", sagte er, „als ob du in der Wüste wanderst und Gott zu dir herunterkommt und anfängt zu sprechen. Ich war wie Moses, als ich die Stimme hörte, und ich ging auf sie zu. Ich werde das Bild für Sie malen: Ein Stahlhelm auf dem Sand. Auf dem Helm sitzt eine Gestalt mit einer Gitarre und singt ,Lover Lover Lover'."

20.

BLUT AN DEINEN HÄNDEN

Cohen und die Band waren über den Kanal in ägyptisches Gebiet ge-flogen, das gerade erobert worden war, fast bis zur vordersten Frontlinie. Der Krieg war auf seinem Höhepunkt.

25. Ein Hubschrauber setzte uns auf der afrikanischen Seite des Kanals ab. Dieser Flughafen war ein oder zwei Tage zuvor eingenommen worden. Wir sangen in einem Betonhangar. An der Wand hing ein ägyptischer Kalender, und sie hatten auch etwas zu essen zurückgelassen. Wie es der Zufall woll-te, legte ich mich zum Schlafen neben diese Blechdosen. Auf einer von ihnen, einer riesigen Dose mit Kartoffelpüree, stand: A Gift from the People of Canada.
26. Wir mussten ab und zu in Deckung gehen.
27. Ich fühle mich gut in der Wüste. Krieg ist in Ordnung. Menschen von ihrer besten Seite. Wie mein Freund Layton auf seinem ers-ten „Trip" über LSD sagte: Sie werden es nie ganz ausrotten.

In Shlomis Erinnerung war Cohen in der Nacht, in der er ihn sah, von den Scheinwerfern eines kleinen Lastwagens erleuchtet. Er hatte kein Publikum und klimperte vor sich hin. Vielleicht wartete er nur darauf, woanders hingebracht zu werden. Oder er wollte spielen, aber die Sol-daten waren zu erschöpft oder deprimiert, um ihm zuzuhören, oder sie hatten ihn schlicht nicht bemerkt.

Der Israeli wusste, wer es war, denn er hatte Cohen schon zweimal gesehen: zuerst bei einem Konzert in New York während einer seiner Reisen mit der Fluggesellschaft, und dann auf einem Flug von Athen nach Tel Aviv kurz vor dem Krieg, als Cohen eine Gitarre ins Flugzeug trug, die Stewardess ihn nicht erkannte und ihn dazu bringen wollte, sie zu verstauen, und Shlomi eingriff. Sie kamen ins Gespräch, obwohl der Sänger zurückhaltend wirkte. „Man hat das Gefühl, dass er sich in seinen eigenen Welten bewegt", sagte Shlomi. „Seine Sätze waren nicht auf die übliche Weise konstruiert. Manchmal konzentrierte er sich, aber man hatte nicht immer das Gefühl, dass er anwesend war."

Hier in der Wüste machte Cohen nicht den Anschein, als würde er Shlomi wiedererkennen, und gesprächig schien er auch nicht zu sein. Shlomi war so überrascht, den Sänger im Krieg zu sehen, dass er nichts sagte. Er versuchte seine Freunde zu rufen, aber sie waren hungrig und müde und kannten Leonard Cohen nicht. Also hörte er einfach zu, zusammen mit zwei oder drei anderen Soldaten, die rüberkamen.

Obwohl Shlomi den Ort und die Zeit nicht genau benennen kann, weiß er noch, was Cohen sang: Eine Version von „Lover Lover Lover" mit einer Strophe, die sich mit den israelischen Soldaten identifizierte. Es berührte ihn, diese Zeilen zu hören und zu wissen, dass jemand wie Cohen den ganzen Weg gekommen war – nach Israel, in den Sinai, sogar über den Suezkanal –, um bei ihnen zu sein.

Die arabischen Staaten hatten sich gegen Israel verbündet, und die meisten europäischen Länder verweigerten den Versorgungsflügen sogar das Auftanken auf dem Weg hierher. Die Israelis fühlten sich vollständig isoliert. Cohen war kein Flugzeug voller Waffen oder Verstärkung, dennoch bedeutete er etwas. Der Sänger sprach ein paar Sätze zu seinem kleinen Publikum. In Shlomis Erinnerung sagte er: „Ihr seid alle zusammen und ihr seid füreinander da, und es ist so selten und rührend, das zu sehen. Es ist erstaunlich, hier bei euch zu sein und zu sehen, wie ihr zusammen seid, ohne Fragen zu stellen." Shlomi erinnert sich besonders an diese letzten Worte: „ohne Fragen zu stellen". Darin klingt etwas wieder, was Cohen einmal über seine Faszination für das Militär sagte. „Ich habe nicht wirklich den Wunsch, jemandem das Hirn wegzupusten", sagte er in einem Interview. „Aber wenn man bedenkt, wie faul, undiszipliniert, wild und gierig wir alle sind, dann ist es doch wirklich eine Art Wunder, dass man es tatsächlich schafft, ein paar Leute in sauberer Kleidung zu organisieren, die graziöse Marschkolonnen bilden und dazu noch Disziplin und Gehorsam besitzen. Und das sind genau die gleichen Methoden, die in Klöstern oder bei jeder Art von Ausbildung angewandt werden. Der Gedanke der Ausbildung hat mich schon immer interessiert, und die Armee ist traditionell ein Ort, an dem junge Männer ausgebildet werden."

Daraufhin verließ Cohen das Lager und fuhr in die Wüste hinaus. Ein oder zwei Jahre später, nachdem „Lover Lover Lover" veröffentlicht worden war, hörte Shlomi es im Radio. „Aber der Mistkerl hat den Text geändert", sagte er. Der Teil, der sich mit den Israelis identifizierte, war weg.

Im Laufe der Jahre versuchte Shlomi, sich an den genauen Wortlaut zu erinnern. Aber es dauerte fast fünf Jahrzehnte, bis er sie wieder hörte. Ich las ihm die Strophe vor, die ich in Cohens Notizbuch gefunden hatte, die Strophe, in der der Dichter die Soldaten „meine Brüder" nennt und sagt, er sei gekommen, um ihnen im Kampf zu helfen. Als ich fertig war, blieb Shlomi einige Augenblicke lang still. Er habe schon immer wissen wollen, warum diese Zeilen gestrichen worden seien, sagte er. Die Abänderung macht ihn nicht wütend, nur traurig. Er möchte Leonard Cohen lieben, doch das stört ihn. Cohen war wirklich bei ihnen gewesen, im Gegensatz zu den anderen Künstlern, selbst den israelischen, die nur für ihren Auftritt kamen. Shlomi ist Besitzer einer Bar in Tel Aviv und hat sein Leben lang mit Künstlern zu tun gehabt. Von den meisten von ihnen hält er wenig. „Viele Leute sagen, sie hätten im Krieg gesungen", sagt er, „aber eigentlich waren es nur Luftwaffenstützpunkte, und am nächsten Tag waren sie wieder im Café Casit. Nicht so Leonard Cohen. Er war wirklich dort. Er aß eine Kampfration mit uns. Ich öffnete eine Dose für ihn. Er war menschlich."

Deshalb tat es auch weh, als Cohen sich zurückzog. Der Mann Leonard Cohen war auf der Seite der Israelis, und das Lied wurde auf einem israelischen Stützpunkt geschrieben, aber der Dichter Leonard Cohen dachte, seine Worte müssten größer sein als die Israelis und größer als der Krieg. Später, als Cohen „Lover Lover Lover" auf der Bühne vortrug, gab er zu, wo er das Lied geschrieben hatte. Aber er sagte dem Publikum, es sei für die Soldaten „auf beiden Seiten". Bei einem Konzert in Frankreich behauptete er sogar, das Lied für „die Ägypter und die Israelis" geschrieben zu haben, in dieser Reihenfolge.

Die nächtliche Begegnung mit Cohen ist eine seltsame Geschichte. Isaak und Patzi, die im selben Lager waren, können sich nicht mehr daran erinnern. Was sich jedoch bei allen ins Gedächtnis eingebrannt hat, ist das Schauspiel, das kurz danach stattfand, möglicherweise am nächsten Tag. An einer Kreuzung in der Nähe des eroberten Luftwaffenstützpunkts Fa'id hatte Sharon sein Divisionshauptquartier eingerichtet, als die Armee nach Afrika vordrang und begann, die feindlichen Kräfte abzuschneiden, die nun auf der israelischen Seite des Kanals festsaßen. Niemand erinnert sich daran, wie Cohen hierher kam, doch plötzlich war er da. Isaak hat es auf Film festgehalten.

Auf einem der Fotos singt Cohen mit Rovina und Caspi:

Und dann nur mit Caspi:

Es ist Sharons Hauptquartier, und weil der General Aufmerksamkeit erregte, gab es einige Kameras in der Menge. Wenn man ein Foto von einem Cohen-Konzert am Sinai sieht, stammt es wahrscheinlich von diesem Konzert. Es ist auch ein Techniker des Armeeradios zu sehen, der die Show aufzeichnete; es ist nicht klar, was mit den Bändern geschah. Die Fotos helfen dabei, sich die vielen undokumentierten Auftritte der Kriegstournee vorzustellen – Caspis Gitarrenkoffer im Sand, auf dem mit Kreide der Name „Matti" geschrieben war; Cohens Militärkleidung; die Soldaten, die sich um die Sänger scharen.

Isaak fotografierte Cohen, während er dicht neben dem Sänger kauerte. Das beste Foto wurde von dem Soldaten Yakovi Doron gemacht, einem Artilleriebeobachter, der von einem Hügel aus Koordinaten an die großen Geschütze funkte, die daraufhin Granaten auf die Ägypter unter ihm abfeuerten. Er war von seiner Stellung herunter ins Lager gefahren und hatte die Szene im Ganzen festgehalten.

In diesem Bild steht General Sharon links von Cohen und spricht mit Rovina, die hinter dem Sänger steht. Das Foto zeigt das Konzert, erzählte mir Doron, aber nicht, was um sie herum in der Wüste los war. Bevor er Cohen traf, war er auf die Leichen einer ägyptischen Einheit gestoßen. Sie waren gerade im Kampf gefallen, fünfzehn oder zwanzig von ihnen lagen neben einem ausgebrannten Lastwagen. Er erinnert sich noch an den Geruch. Er knipste ein paar Bilder, weil er sich daran erinnern wollte, wie schrecklich alles war. Sie befanden sich auf der gleichen Rolle des Kodachrome-Diafilms, mit der er auch das Konzert fotografiert hatte. Wo diese Fotos jetzt sind, weiß er nicht mehr.

Der Soldat neben Caspi mit der Kippa und der Hand am Mund ist Eli Kraus, der damals einundzwanzig Jahre alt war. Er erinnert sich, dass es am Tag von Cohens Auftritt eine Kampfpause gab und jemand mit der Nachricht kam, dass Entertainer ihr Lager erreicht hätten. Viele der Soldaten waren zu müde, um aufzustehen, oder hatten keine Lust auf Musik. Eli war dem Hauptquartier von Sharon als Teil eines Beerdigungsteams zugeteilt, das von einem Armeerabbiner geleitet wurde. Ihre Aufgabe war es, auf die Schlachtfelder zu gehen und die Toten zu bergen. Er war bereits bei der „chinesischen Farm"[7] dabei gewesen, einer der schlimmsten Schlachten des Krieges, und bei der Bombardierung der Kanalkreuzung. Einmal fuhr er mit einem Jeep die ganze Nacht von der Front durch die Wüste Sinai zurück zu seinem Kibbuz im Süden Israels, um seine Frau zu sehen. Sie waren seit fünf Monaten verheiratet. Auf dem Weg dorthin hielt er vor einem anderen Kibbuz, der nicht weit von seinem Zuhause entfernt war, an einem Soldatenfriedhof an, um eine Leiche abzuliefern, die er im Kofferraum transportiert hatte. Als Eli von den Sängern hörte, ging er hinüber, um nachzusehen. Er wusste nicht, wer Leonard Cohen war, aber er war begeistert, Matti Caspi zu erkennen. Ein Armeefotograf erwischte Cohen ausnahmsweise im Publikum:

---

7   Die „chinesische Farm" war eine ägyptische landwirtschaftliche Forschungsstation, die sich nördlich des Großen Bittersees und östlich des Suezkanals befand. Der Name geht auf eine Verwechslung zurück: Auf der Station wurden Geräte aus japanischer Produktion verwendet, und die Israelis hielten die japanischen Schriftzeichen darauf fälschlicherweise für chinesische.

Cohen beschrieb es so:

> 28. Wir fahren in Richtung Ismailia. Ganz vorne halten wir an.
> Wüstenlandschaft, Panzer die einzige Architektur. Ich werde
> einem großen General vorgestellt, dem „Löwen der Wüste".
> Ich huldige seiner Vitalität und frage leise: „Wie kannst du es
> wagen?" Er bereut es nicht.
> 29. Männer bilden einen Kreis um uns und wir singen für sie.

Sharons Vorname, Ariel, bedeutet „Löwe Gottes". In einem weiteren
Entwurf des Manuskripts gibt es eine leicht abgewandelte Version:

> Ich werde einem großen General vorgestellt, „dem Löwen der
> Wüste". Kaum hörbar frage ich ihn: „Wie kannst du es wagen?"
> Er bereut es nicht. Wir trinken einen Cognac, während wir im
> Schatten eines Panzers auf dem Sand sitzen. Ich will seinen Job.

Es ist unklar, ob Sharon wusste, wer Cohen war, oder ob es ihn interessierte. Die Episode taucht in seinen Memoiren nicht auf, und sein Sohn Gilead kann sich nicht daran erinnern, dass sein Vater sie jemals erwähnt hätte.

Auch Patzi befand sich im Publikum, frisch vom Schlachtfeld zurückgekehrt, und lauschte zusammen mit Sharon und allen anderen den Liedern. Er führte den Krieg nicht wie ein General, sondern kämpfte ihn mit seinen Händen. In diesem Moment sind er und Cohen zwei menschliche Archetypen, zwei Seiten unserer Natur – „Mann des Friedens und Mann des Krieges", wie Cohen es in „Story of Isaac" ausdrückt. Für den Sänger, der sich selbst „Field Commander Cohen" und seine Band „The Army" nannte, war der Krieg eine Metapher oder eine ironische Pose; für den blonden Feldherrn ging es um den unmittelbaren Schrecken, um die Leichen echter Menschen, Freunde und Feinde, die in der Nähe im Sand lagen. Hier der Dichter, der sich auskennt mit Schönheit und Moral; und dort der Krieger, der durch Gewalt jene fragile Sicherheit herstellt, die es dem Dichter erst ermöglicht, jene Gewalt nicht wahrzunehmen oder sogar die Menschen zu verurteilen, die sie anwenden.

„Israel und du, der du dich Israel nennst", schrieb Cohen ein Jahrzehnt später in „Book of Mercy", seiner Auseinandersetzung mit dem

Buch der Psalmen, „die Kirche, die sich Israel nennt, und die Revolte, die sich Israel nennt, und jede Nation, die dazu auserkoren ist, eine Nation zu sein – keines dieser Länder gehört dir, ihr alle seid Diebe der Heiligkeit, ihr alle führt Krieg gegen die Barmherzigkeit. Wer wird es aussprechen?", fragt er mit prophetischer Wut und ohne jene Selbstironie, die die meisten seiner Kritiken erträglich macht. Cohen würde es wahrscheinlich ablehnen, das Gedicht in einen politischen Kontext zu stellen, aber es wurde nach Israels Libanonkrieg 1982 veröffentlicht, als das Image des Landes mehr Goliath glich als David, und die westliche Linke begann, sich ernsthaft gegen Israel zu wenden. Cohen fährt fort und steigert sich hinein: „Deshalb herrschst du über das Chaos, du hisst deine Fahnen ohne Autorität, und das Herz, das noch lebt, verachtet dich, und der Rest der Barmherzigkeit schämt sich, dich anzusehen." Jahre zuvor hatte er als junger, rebellischer Dichter in Montreal das leere Ritual der jüdischen Synagoge verurteilt, und jetzt verurteilt er die leere Politik des jüdischen Staates. „Ihr verweset hinter eurem fadenscheinigen Panzer, euer Gestank lässt euch aufschrecken", sagt der Prophet. Der Himmel ist zornig, „weil du nicht mit deinem Engel ringen willst. Weil du es wagst, ohne Gott zu leben. Weil deine Feigheit dich glauben ließ, dass der Sieger nicht wankt."

Patzi hat wenig über für Kriegsnostalgie oder Militärgeschichten. Wie nicht anders zu erwarten, ist der Feldherr heute kein Mann der tränenreichen Erinnerungen. Man kann sich ohne besondere Anstrengung vorstellen, wie er mit achtzig Jahren eine Infanteriekompanie kommandiert. Jahrzehnte später könne es keine Rolle mehr spielen, welche Panzerkompanie wohin ging, sagte er mir, oder welcher General was gesagt hatte. Vor diesem Tag im Jahr 1973 habe er noch nie etwas von Leonard Cohen gehört, und er höre seine Musik auch jetzt nicht. Daher war ich überrascht, als er sagte, dass es ihm sehr viel bedeutet habe, Cohen zu sehen, und dass er es nie vergessen habe.

Ich hatte gezögert, als ich ihm erklärte, worüber ich schrieb. Ich befürchtete, er würde die Idee als Leichtsinn abtun. Stattdessen sagte er, es sei das Einzige an dem Krieg, das es wert sei, darüber zu schreiben.

„Was mich zutiefst berührte", sagte der alte Soldat über jenen späten Nachmittag in Afrika, als der Krieg in seine letzte Woche ging, nach vielen Schrecken und vor vielen noch folgenden, „war dieser Jude, der über eine Gitarre gebeugt saß und leise für uns spielte. Ich fragte, wer er sei, und jemand sagte, er komme aus Kanada oder Gott weiß woher, ein Jude, der gekommen sei, um die Stimmung der Kämpfer zu heben. Es war Leonard Cohen. Seitdem hat er einen Platz in meinem Herzen.“

21.
RADARSTATION 528, SHARM EL-SHEIKH

Cohen taucht als nächstes auf dem Flugplatz von Sharm el-Sheikh auf, in der Nähe der Radarstation, die in der ersten Nacht des Krieges von ägyptischen Raketen zerstört und dann versehentlich von israelischen Panzern angegriffen wurde. Die Mädchen der Station, die am Anfang des Buches auftauchen, befanden sich jetzt in Hütten unten an der Landebahn und versuchten, nicht an ihre Freunde zu denken. Die Gerüchte, dass die Ägypter die Radarstation eingenommen und die Frauen vergewaltigt hatten, kursierten immer noch und hatten ihre Familien zu Hause erreicht. Die Gerüchte waren falsch, aber es war ein Fakt, dass sieben Soldaten getötet worden waren. Nicht alle ihre Familien wussten davon. Es starben so viele Israelis, dass der Bestattungs- und Benachrichtigungsapparat der Armee überfordert war.

Eine bekannte Sängerin mit langen blonden Haaren, Miri Aloni, kam mit ein paar anderen fahrenden Musikern auf dem Flugplatz an und spielte „Song for Peace", ein hebräisches Protestlied, das die Zeile enthält: „Schau nicht zurück / Lass die, die gegangen sind, gehen". Das machte Pnina, das ältere Mädchen von der Radarstation, wütend. Wie konnte man sagen: „Lass sie gehen"? Sie hatte drei Freunden auf ihrem Wachposten ein Stück Käsekuchen gegeben, war weggegangen und hatte sie nie wieder gesehen. Diese Künstler wussten nicht, was die Soldaten durchgemacht hatten. Sie hat Miri Aloni nie verziehen.

Ruti, die beliebte Soldatin, die die Telefonzentrale leitete und mit dem dunkelhaarigen Dichter Doron befreundet war, nahm ständig Anrufe von Dorons Mutter und Schwester entgegen. Im Laufe der Tage wurden sie immer verzweifelter. Niemand sagte ihnen etwas, und die Nummer der Telefonzentrale auf dem Flugplatz war die einzige, die sie hatten. Wo war er?

Er sei im Moment nicht da, antwortete sie wie angeordnet. Sie würde ihn wissen lassen, dass sie angerufen hatten. Sie sagte es immer wieder, bis jemand sie benachrichtigt haben musste, denn sie riefen nicht mehr an.

Ruti schrieb weiter in ihr Tagebuch und schickte ihren Eltern Notizen auf Postkarten, die von der Armee ausgegeben wurden. Auf diesen Postkarten waren fröhliche Karikaturen abgebildet, die nichts mit dem tatsächlichen Kriegsgeschehen zu tun hatten – ein frecher israelischer Soldat, der wie Godzilla über der syrischen Hauptstadt Damaskus schwebt oder die arabischen Armeen in einem Fleischwolf zermalmt. Ruti beschreibt ihr junges Ich als „sehr militaristisch". Sie glaubte an die IDF. Sie schrieb optimistische Notizen, um ihre Eltern zu beruhigen:

> Ich habe nicht viel zu schreiben. Wir arbeiten hart und haben kaum etwas, aber das Gefühl der Hingabe ist so groß, dass wir uns nicht müde fühlen. Im Allgemeinen braucht man sich keine Sorgen zu machen. Man muss den Soldaten und den Piloten und dieser ganzen wunderbaren Armee vertrauen. Es wird alles gut werden, das verspreche ich!

In der Nacht zuvor hatte sie in ihr Tagebuch geschrieben:

> Ich vermisse diejenigen, die getötet wurden.

In einer anderen Postkarte informierte sie ihre Eltern:

> Ich habe vergessen, euch zu sagen, dass direkt neben meinem Büro das riesige Heck einer MiG-17 liegt.

Das war eines der feindlichen Flugzeuge, die am ersten Tag des Krieges im Luftkampf abgeschossen wurden.

> Ich habe eine Kamera, die ich von zu Hause mitgebracht habe, und wir wollen Fotos neben der MiG in tausend Posen machen, denn es gibt keine größere Befriedigung als den Anblick solcher Dinge. Als ich sie sah, habe ich als Erstes darauf gespuckt. Übrigens liegt die Leiche des ägyptischen Piloten hier in der Nähe des Stützpunkts und ist –

Hier hat die militärische Zensur ein paar Worte geschwärzt. Ruti vermutet, dort stand: „in Stücke gerissen". Die letzte Zeile lautet:

Heute spielt Leonard Cohen.

Rutis Postkarte ist auf den 20. Oktober datiert, den fünfzehnten Tag des Krieges. Die Wahrheit ist, dass Ruti sich nicht für Leonard Cohen interessiert hat. Sie freute sich mehr über die israelischen Stars, die fast jeden Tag durch den Stützpunkt kamen. Aber Orly, die Künstlerin von der Radarstation, die auf ihrem Plexiglas-Tisch Gedichte kopierte, war von der Nachricht so begeistert, dass sie alles daran setzte, ihre Schicht zu tauschen, um Cohen zu sehen.

Der Saal auf dem Stützpunkt fasst etwa zweihundert Personen, und er war voll. Orly war hingerissen. Es war das erste Mal, dass sie eine Berühmtheit wie Cohen sah, einen unerreichbaren Mann, der extra aus Amerika angereist war. „Er hatte diesen Charme", sagte sie, „man konnte ihm nicht widerstehen. Ich glaube, Frauen können ihm überhaupt nicht widerstehen. Er hatte etwas an sich, etwas Dunkles und Geheimnisvolles."

Ihre lebhafteste Erinnerung an Cohen hat nichts mit dem Konzert zu tun, sondern mit ihrem Bett in der Mädchenkaserne. Es war ein einfaches Eisenbett aus Armeebeständen, über das sie einige Gedichte von Rachel getackert hatte. Auch eine Zeichnung der israelischen kommunistischen Malerin Ruth Schloss hing dort, die eine Mutter und ihr Kind zeigte; sie hatte das Bild aus einem Buch ausgeschnitten.

Eine der Offizierinnen auf dem Stützpunkt, Tammy, kam an diesem Nachmittag zu ihr und fragte, wo Cohen sich vor der Ausstellung ausruhen könne. „Ich wollte unbedingt, dass er in meinem Bett schläft", sagte Orly. „Nicht mit mir, aber in meinem Bett. Ich war nicht da." Sie bot ihr Bett nonchalant an. Die anderen Mädchen sollten nicht merken, wie viel es für sie bedeutete; keine von ihnen sollte ihr Cohen wegnehmen und ihm ihr eigenes Bett anbieten. Sie und Tammy besorgten saubere Laken.

Sie sieht Leonard Cohens Kopf auf ihrem Kopfkissen liegen, unter der Zeichnung von der Mutter und ihrem Kind. Orly war damals neunzehn Jahre alt. Als sie diese Geschichte erzählte, war sie schon Großmutter. „Ich wollte nicht, dass die anderen Mädchen wissen, wen ich in meinem Bett hatte", sagte sie. „Ich hatte seine Lieder in meinen Ohren."

22.

BATHSEBA

Neben dem Flugplatz in Sharm el-Sheikh befand sich ein Marine-Ankerplatz für Kanonenboote und einige Landungsboote. Das größte von ihnen hatte einst ein anderes Dasein gefristet, als es noch Erz auf ostafrikanischen Flüssen transportierte, und einen anderen Namen getragen: Zambia Challenge. Als die israelische Marine das Schiff kaufte und es für den Transport von Panzern und Infanterie umrüstete, gab sie ihm einen neuen Namen, der aber nichts Kriegerisches hatte – Bathseba, der Name der Frau, in die sich David verliebte, als er sie auf dem Dach baden sah. So steht es im Buch Samuel und so erzählt Cohen es später in seinem Lied „Hallelujah". Drei Jahre vor dem Krieg wurde die Bathseba berüchtigt, als ein mit Sprengstoff beladener Lastwagen an Bord in die Luft ging und vierundzwanzig Menschen tötete. Einen Monat später wurde sie im Hafen von Eilat von ägyptischen Tauchern mit einer Magnetmine fast versenkt, überlebte aber und diente als Herzstück einer gefährlichen Mission im Jom-Kippur-Krieg.

Sharm el-Sheikh war an diesem Tagen kein Paradies. Die Ägypter hatten die Engpässe vermint und im Golf von Suez wurde gekämpft. Zwei israelische Kanonenboote hatten einen ägyptischen Ankerplatz auf der anderen Seite des Golfs angegriffen und ein paar feindliche Boote versenkt, nun kehrten sie mit einigen verwundeten Matrosen und einem Toten zurück. Einer der Leutnants am Ankerplatz, Motti, erinnerte sich, die Leiche des Soldaten in eine Decke gewickelt auf einem Pier gesehen zu haben. Er war achtzehn Jahre alt und sein Name war Herzl. Der Hubschrauber wollte ihn nicht mitnehmen, weil er nur für Verwundete Platz hatte. Herzl lag eine Weile einfach da. Der Leutnant hatte einen Matrosen in seinem eigenen Kanonenboot, dessen Bruder gerade in der Infanterie gefallen war, und alle außer ihm selbst wussten davon. Niemand sagte es dem Matrosen, während sie auf See waren und den Golf von Suez auf und ab fuhren. Sie taten so, als sei nichts geschehen. Erst als sie ein paar Tage später anlegten, nahm der Leutnant ihn zur Seite. Der Junge fragte, wie lange alle davon gewusst hätten, und der Leutnant zuckte zusammen. Er war erst einundzwanzig Jahre alt und auf so etwas nicht vorbereitet gewesen. So war das Leben eines jungen Marineoffiziers in jenen Wochen in Sharm.

Ein anderer junger Offizier, Roni, kommandierte eines der kleineren Landungsboote und war mit den Vorbereitungen für etwas Großes beschäftigt, das den Codenamen „Green Light" trug. Es handelte sich um eine Überraschungsinvasion über den Golf von Suez: Die Bathseba und die kleineren Schiffe sollten die Wasserstraße überqueren und eine Brigade Fallschirmjäger und ein Panzerbataillon auf der ägyptischen Seite absetzen. Wenn nötig, sollten sie wie bei Omaha Beach vorgehen und hinter den ägyptischen Streitkräften auftauchen, die den Israelis entlang des Suezkanals gegenüberstanden. Es war eine kreative und gefährliche Idee. Der größte Teil der angreifenden Truppen würde sich an Bord der Bathseba befinden, einem schwerfälligen Ziel, das mit einer einzigen Granate versenkt werden konnte. Und falls die Ägypter sie an den Stränden erwarteten, bestand die Möglichkeit, dass niemand zurückkehrte.

Ronis Freund Yoram, ebenfalls Leutnant, wurde ausgewählt, um als Verbindungsoffizier mit der Infanterie zu landen. Das war kein beneidenswerter Job und lief Yorams eigenen Plänen völlig zuwider. Seine Hochzeit war für Dienstag, den 9. Oktober, angesetzt worden. Doch der Überraschungsangriff erfolgte am 6. Oktober, und Yoki, seine Braut, musste mit ansehen, wie ihr Verlobter zusammen mit all den anderen jungen Männern in der Armee verschwand. Die beiden waren seit drei Jahren zusammen. Angefangen hatte alles mit einer Verabredung im Comet-Kino in Haifa. Yoki erinnert sich nicht an den Film, nur an seine Hand auf ihrer Schulter.

Yoki wurde selbst einberufen und zu einem Logistikstützpunkt in Zentralisrael geschickt. In der ersten Woche hörte sie nichts. Es war nicht wie heute. Die meisten Soldaten hatten keine Möglichkeit, die Heimat zu kontaktieren. Sie konnten wochenlang tot sein, bevor jemand davon erfuhr. Als Yokis Cousin am Kanal verwundet und in ein Krankenhaus gebracht wurde, war die Familie erleichtert, denn das bedeutete immerhin, dass er am Leben war.

Am Ende der zweiten Woche des Krieges hatte Yoki immer noch nichts von Yoram gehört. Das Wechselbad der Gefühle wurde ihr zu viel –

einerseits würde sie bald mit ihm verheiratet sein, andererseits wusste sie rein gar nichts über sein Schicksal. Sie beschloss, ihn zu suchen.

Sie überredete ihre Eltern, sie zum Flugfeld von Sde Dov in Tel Aviv zu fahren. Sie erbettelte sich einen Platz in einem Herkules-Transportflugzeug der Armee und sollte sich in einen kleinen Lastwagen setzen, der hinten auf der Rollbahn stand. Der Lastwagen fuhr ins Innere der Maschine, die Rampe schloss sich, und sie saß eine Stunde lang im schwachen Kabinenlicht und im Dröhnen der Motoren auf der Sitzbank.

An Bord der Bathseba geschahen innerhalb eines Tages zwei unerwartete Dinge.

Zum einen wurde das offene Deck, das die Panzer zum Invasionsstrand bringen sollte, zum Veranstaltungsort für ein Leonard-Cohen-Konzert. Die Besatzung weiß nicht mehr, wer ihn mitgebracht hatte, doch plötzlich stand er mit einer Gitarre da. Wahrscheinlich kam er vom nahe gelegenen Flugplatz, wo er in Orlys Bett geschlafen hatte. Jemand hat ein Foto von Cohen auf dem Schiff im Sonnenschein gemacht. Er steht neben Roni, einem der Leutnants:

Das war das erste Ereignis. Das zweite begann, als Yoki am Ankerplatz ankam und nach ihrem Bräutigam suchte. Er war nicht da. Aber jemand sagte ihr, dass er, soweit man wusste, am Leben sei, auf einer Patrouille im Golf von Suez.

Dann beschloss jemand auf dem Stützpunkt, dass Yoki und Yoram unverzüglich heiraten sollten. Wer nicht im Krieg ist, denkt, er hätte alle Zeit der Welt – aber in jenen Wochen in Sharm war klar, dass man nicht warten konnte. Es war Zeit für die Hochzeit.

Die Köche zauberten ein paar Sandwiches zusammen. Jemand trieb eine Flasche Wein auf und jemand anderes improvisierte einen Hochzeitsbaldachin. Durch einen glücklichen Zufall oder göttliche Fügung war der Rabbiner der Marine ebenfalls auf dem Stützpunkt und wurde zum Dienst gedrängt. Über das Lautsprechersystem wurden alle aufgefordert, sich an Bord des Landungsbootes Bathseba zu versammeln. Alle kamen.

Auf See wusste Yoram von nichts – weder, dass Yoki es bis zur Südspitze des Sinai geschafft hatte, noch, dass er im Begriff war, zu heiraten. Er erfuhr beides erst, als er den Marinestützpunkt erreichte. Jemand eilte mit ihm in den Lagerraum des Quartiermeisters und besorgte ihm eine saubere Arbeitsmontur. In den Mädchenquartieren versuchte man, Yoki dazu zu bringen, ein schönes Zivilkleid zu tragen, aber schließlich blieb sie in ihrer Uniform: eine dunkelgrüne Hose und ein khakifarbenes Hemd. Alle Schiffe am Ankerplatz hupten, und anstatt einfach vom Dock aus an Bord der Bathseba zu gehen, wurde sie mit einer Motorbarkasse hinausgebracht:

Yoram und Yoki fanden sich auf dem Deck wieder – dort, wo die Panzer stehen sollten, wo der Munitionswagen explodiert war und wo Cohen spielte. (Ob sein Konzert vor oder nach der Hochzeit stattfand, ist nicht klar, es muss aber etwa zur selben Zeit gewesen sein.) Die Operation „Green Light" wurde schließlich abgebrochen, trotz aller Vorbereitungen. Yoram musste nie mit den Truppen an Land gehen wie an Omaha Beach. Das Konzert und die Hochzeit sollten die beiden wichtigsten Ereignisse an Bord der Bathseba in diesem Krieg sein.

Nach der Zeremonie sagte der Rabbiner, dass sie die Nacht zusammen verbringen müssten – das war jüdisches Gesetz, und es gab keine Schlupflöcher. Doch als sie in Yorams Zimmer zurückkehrten, schlief ein anderer Matrose in einer der Kojen. Er war erschöpft von der Wache gekommen und verstand nicht, warum man ihn geweckt hatte, also ließ man ihn einfach schlafen. Schließlich fuhr Yoram zurück zur See und Yoki flog am folgenden Morgen ab. Das nächste Mal sahen sie sich drei Monate später, aber seitdem waren sie nie wieder getrennt. Sie haben drei Kinder und sieben Enkelkinder.

23.

LET IT BE

Wenn die Leute in Israel sagen, dass der Jom-Kippur-Krieg das Akkordeon getötet habe, meinen sie damit, dass Musik und Kultur des Landes vorher eine andere waren. Der Krieg diskreditierte nicht nur die alte politische Führung und das kommunale „Wir", sondern auch den bewährten Soundtrack aus Volksliedern und Militärkapellen. Aber das geschah nicht sofort. Die beiden langlebigsten Lieder, die während des Krieges geschrieben wurden, sind immer noch im alten Stil gehalten – das eine versucht, die Dinge mit Humor zu nehmen, das andere bietet gemeinschaftlichen Trost und Hoffnung auf bessere Zeiten. Beide Ansätze sind notwendig und werden heutzutage unterschätzt. „Send Underpants and Undershirts" ist eine amüsante Nummer, in der ein Soldat seiner Freundin eine Liste mit Gegenständen gibt, die sie ihm an die Front schicken soll. Er versichert ihr außerdem, dass er und seine Freunde „wie Löwen kämpfen" und dass sie heiraten werden, wenn er nach Hause kommt. Für ein beschwingtes Lied, das so gar nicht zu den düsteren Ereignissen passt, hat „Send Underpants and Undershirts" eine bemerkenswerte Lebensdauer und ist nach wie vor beliebt.

Das zweite Lied, „Lu Yehi", wurde nicht nur die Hymne des Krieges, sondern auch eines der beliebtesten Lieder in der Geschichte des Landes. Ursprünglich war es eine hebräische Version von „Let It Be", mit einem eigenständigen Text zur Melodie von Paul McCartney. Die Autorin des Stücks war Naomi Shemer, berühmt für „Jerusalem of Gold", das für die Israelis untrennbar mit dem blitzartigen Sieg im Sechstagekrieg und der Rückkehr der Juden an die Klagemauer und in die Altstadt verbunden ist. „Jerusalem of Gold" hat einen ähnlichen Status wie die Nationalhymne. Shemers Lied aus dem Jahr 1973 hingegen war eine andere Art Lied für einen ganz anderen Krieg.

Sie scheint den Satz „Let it be" für sich mit „Wenn es doch nur so wäre" übersetzt zu haben – auf Hebräisch „lu yehi". Statt einer Aufforderung, den Dingen ihren Lauf zu lassen, erhält das Lied so eher den Charakter eines Gebets. Shemers Texte sind düster, geben aber gleichzeitig Anlass zur Hoffnung: Ein weißes Segel hebt sich noch von der schwarzen Sturmwolke ab; Sabbatkerzen flackern nachts im Fenster. Sie spielte das Lied für ihren Mann, der gerade aus der Reserve zurückgekehrt war. „Er sagte: ‚Ich werde nicht zulassen, dass du dieses Lied durch eine ausländische Melodie verschandelst – dies ist ein jüdischer Krieg, also gib ihm eine jüdische Melodie'", erzählte Shemer später. Eines Abends während der Kämpfe sollte sie im Fernsehen singen und arbeitete noch im Taxi an der Melodie, die sie dann im Studio spielte. Als sie selbst an die Sinai-Front kam, kannten viele der Soldaten das Lied bereits und konnten es mitsingen.

Das Lied scheint damals eine bemerkenswerte Wirkung gehabt zu haben – es sorgte für einen Sprung in der harten Fassade der Gründergeneration des Landes. Als Shemer einmal im Kibbuz Giv'at Haim sang, der acht seiner Söhne im Krieg verloren hatte, saßen die Mitglieder im Speisesaal im Kreis um ihr Klavier. Bis dahin hatte niemand im Kibbuz seine Trauer öffentlich zum Ausdruck gebracht. Sentimentalität und Selbstmitleid waren für diese Menschen, die die Shoah überlebt und gegen alle Widerstände einen jüdischen Staat ins Leben gerufen hatten, ein Gräuel. Als Shemer „Lu Yehi" spielte, begann ein Mitglied zu weinen. Andere folgten. Es waren die ersten offenen Tränen des Kibbuz, das erste Mal, dass so etwas passiert war. „Dieses Lied", so der Sohn von Shemer, „gab den Menschen die Chance und das Recht zu weinen."

Nach dem Waffenstillstand Ende Oktober kam der israelische Generalstabschef, Generalleutnant David „Dado" Elazar, in das Sekretärinnenbüro, um eine Akte abzuholen. Sie hatten das Radio eingeschaltet, und er hörte „Lu Yehi", offenbar zum ersten Mal. Dado hatte während der Katastrophe der letzten drei Wochen die Ruhe bewahrt, während andere Kommandeure und Minister ihre Fassung verloren hatten. Die Premierministerin Golda Meir nannte ihn ihren „Fels". Während des Krieges schickte Cohen seiner Schwester eine Postkarte, die auf der einen Seite das zerklüftete Gesicht Dados zeigte. Er trug eine tadellose Uniform, die großen Finger auf dem Schreibtisch verschränkt, und man hatte das Gefühl, dass die Sicherheit des Landes in guten Händen war. Später wurde Dado für die Misserfolge des Krieges verantwortlich gemacht und dazu gedrängt, die Armee zu verlassen.

Als Dado das Lied im Sekretariatszimmer hörte, so berichtet sein Biograf, stand er wie gebannt da und lauschte. Er vergaß die Akte, wegen der er gekommen war, und eilte zurück in sein eigenes Büro. Eine Sekretärin folgte ihm und war schockiert, als sie den General an seinem Schreibtisch sah – schluchzend und den Kopf in den Händen vergraben.

Die Musik, die nach dem Krieg entstand, hatte weniger mit Trost oder Moral zu tun. Es ging eher um das Individuum und die Seele. Der talentierteste Vertreter der neuen Schule – und vielleicht der einzige israelische Künstler, der Cohen ebenbürtig ist – war der Dichter und Sänger Meir Ariel. Zufälligerweise war Ariel 1973 als Soldat am Kanal und kam Cohen bis auf ein oder zwei Kilometer nahe, als der Krieg in einer letzten Tragödie bei der Stadt Suez aufflammte.

„Ich nahm meine Gitarre mit nach Afrika", sagte Ariel nach dem Krieg in einem Interview, „aber ich war mir nicht ganz sicher, ob die Jungs meine Lieder wirklich mochten oder ob sie mich nur ermutigten, weil sie keine andere Unterhaltung hatten." Er entwickelte einen intimen Stil, der später zu seinem Markenzeichen wurde, zusammen mit seltsamen, lächelnden Monologen, die gelegentlich ins Unverständliche abdrifteten. Als sich der Krieg dem Ende zuneigte, war seine Kompanie in Gebäuden am südlichen Rand der Stadt Suez kaserniert, in der Nähe des Kanals. Seine Truppe war mit daran beteiligt, die 3. ägyptische Armee einzukreisen. Die Soldaten grillten Fleisch und redeten endlos. Sie sahen sich Fotos in Zeitschriften an, die die Frau des israelischen Präsidenten zu den Truppen an der Front geschickt hatte und die sie „Frontalfotos" nannten. Sie mischten sich den „High Explosive Cocktail" aus Wodka und Grapefruitsirup. Man sah Ariel, wie er sein Gewehr über den Boden schleifte und dessen Riemen wie die Leine eines Hundes hielt.

Jeden Morgen meldeten die Sprecher der israelischen Radionachrichten: „Unsere Streitkräfte in Suez hatten eine ruhige Nacht." Ariel nahm diese Zeile und machte daraus den Namen eines seiner besten Lieder – die gedankliche Beschreibung einer Nacht im Leben eines Soldaten: Er liest Ernest Hemingways „Islands in the Stream"; er fasst die Handlung zusammen; er lobt den hebräischen Übersetzer; er trinkt Apfeltee und raucht; im Radio laufen geistlose Popsongs; es gibt eine Warnung, dass ein feindlicher Trupp eingedrungen sei; der Mond wirft ein helles Licht auf Suez und das Meer; ein Freund taucht am Posten auf und sagt: „Deine Zeit ist um." Das ist das ganze Lied. Es gibt kein Heldentum und keinen Tod. Es gibt nicht einmal eine Schlacht. Fast alles, was in dem Lied passiert, spielt sich in den Gedanken des Soldaten ab. Es ist eines der großen modernen Kriegslieder – das Gegenteil von „Jerusalem of Gold". Es gibt keine Armee, keine Nation, keinen Sinn, keine Bedeutung, nur einen Menschen im Krieg.

Wir können Cohen um diese Zeit in der Nähe von Suez verorten, dank Jacob El Hanani. Heute ist Jacob ein erfolgreicher Künstler in New York, aber damals war er ein 27-jähriger Techniker der Armeereserve. Er hatte wochenlang nicht geduscht und sein Haar stand aufrecht wie Stroh. Er lebte in einer verlassenen Düngemittelfabrik, einem apokalyptischen Labyrinth aus Betontürmen und Kammern, die zu Baracken und Toiletten umfunktioniert worden waren. Kurz zuvor hatte er auf einer dreckigen Matratze in SoHo geschlafen und versucht zu zeichnen, davor war er in Paris gewesen und hatte sich von billigem Straßenessen ernährt, auf der Suche nach einer Kunstszene, die es nicht mehr gab, weil alle, die wichtig waren, nach Manhattan gingen. Auf dem Boulevard Saint-Michel und der Île Saint-Louis entdeckte er Cohens Musik. Cohen galt in Amerika noch als gewöhnungsbedürftig – und das sollte bis zu seinen letzten Lebensjahren so bleiben –, aber in Frankreich hieß es damals: Wenn ein Mädchen nur ein einziges Album besitzt, dann ist es von Cohen.

Als der Krieg ausbrach, bemühte Jacob sich, ein Flugzeug zu erwischen, und schaffte es schließlich nach Suez. Er erinnert sich, dass er nachts stundenlang Wache hielt, bedrohliche Geräusche hörte und seltsame Gestalten vorbeiziehen sah. Es gab ägyptische Soldaten, Deserteure und Nachzügler, die versuchten, wieder hinter die Linien zu kommen. Eines Nachts erhielten sie eine nachrichtendienstliche Warnung vor einem Angriff, woraufhin sie alle an den Fenstern der Düngemittelfabrik Stellung bezogen und Gerüchte darüber austauschten, dass die Ägypter verzweifelt genug seien, um Giftgas einzusetzen.

Es geschah nichts, und stattdessen tauchte eines Nachts, etwa zur gleichen Zeit, ein junger Fahrer aus Jacobs Einheit mit einer Meldung auf. Der Soldat, Yehuda, war ein bedauernswerter Charakter; kaum aus der Schule heraus, hatte die Armee ihn aufgegriffen und hierher verfrachtet, doch er wollte nach Hause. Jacob hörte ihn immer wieder sagen: „Ich bin nur ein Kind", und er wiederholte diese Worte, als ob sie ihm helfen würden. Der Junge wollte nachts nicht aufstehen, um Wache zu schieben, und einmal mussten die älteren Soldaten sein Feldbett anheben und ihn auf den Boden werfen. Die Nachricht, die er überbrachte, lautete, dass Cohen hier war und alle kommen mussten.

Weder Jacob noch sonst jemand wusste, wen er meinte. Der Junge wusste es auch nicht, er hatte die Nachricht gerade erst erhalten und verstand sie selbst nicht. Die Hälfte der Menschen in Israel hieß Cohen. Selbst wenn er Leonard gesagt hätte, hätte das nicht viel genutzt. Die Einheit bestand aus etwa achtzig Männern. Einige von ihnen sprachen das raue Hebräisch der armen Viertel Israels, andere konnten Rumänisch, vielleicht auch Arabisch. Jacob stammte aus einer Mittelklassefamilie in Casablanca. Als seine Kameraden hörten, wie er am Telefon mit seiner Mutter Französisch sprach, lachten sie ihn aus, weil er sich so aufspielte. Soweit er es wusste, sprach niemand Englisch.

Man befahl ihnen, sich in einem beschädigten Amphitheater in der Nähe zu versammeln, das zu einem stillgelegten Feriendorf für Touristen gehörte, die in Suez überwinterten. Die Soldaten wurden gewarnt, keine Taschenlampen nach oben zu richten, falls feindliche Flugzeuge in der Luft waren, und auf den Wegen rund um die Düngemittelfabrik vorsichtig zu sein, da das Gebiet voller Blindgänger war. Sie fluchten: Wer will schon Cohen hören, wer ist Cohen? Die Soldaten waren bereits gezwungen worden, sich ein paar Unterhaltungsgruppen der Armee anzusehen – Musiker, die versuchten, die Moral zu heben, und „la-la-la auf Hebräisch" sangen, wie sich Jacob erinnerte. Sie hatten es satt. Einige andere Einheiten waren zusammengetrommelt worden, und als Jacob ankam, befanden sich etwa 250 Soldaten im Amphitheater.

Eine Gruppe der Armee spielte ein paar Lieder, die keinen Eindruck hinterließen, dann betrat Leonard Cohen die Bühne, allein, mit einer Gitarre. Jacob assoziierte Cohen mit dem Leben in den Pariser Cafés, mit seinem eigenen Leben in der Kunst, das von den Ufern des Suezkanals aus unvorstellbar war. Es war nicht möglich, dass Cohen hier war.

Wie bei allen Sinai-Konzerten spielte Cohen „Suzanne", „So Long, Marianne" und „Bird on the Wire", die seine bekanntesten Lieder waren, zumindest für die Leute, die seine Lieder überhaupt kannten. Davon gab es im Amphitheater von Suez nur wenige. Die älteren Reservisten, die in ihren Vierzigern waren, hatten noch nie von ihm gehört. Einige der jüngeren kannten seinen Namen, aber nicht viel mehr. Wir wissen, dass Meir Ariel, Israels Antwort auf Leonard Cohen, mit seiner Kompanie von Fallschirmjägern irgendwo in der Nähe war. Es gibt keine Beweise dafür, dass der Israeli bei der Show war, aber es ist verlockend, sich die beiden an einem Ort vorzustellen: Cohen auf der Bühne, während Ariel rauchend im Hintergrund steht und lauscht. Was hätten sie wohl voneinander gehalten – zwei Dichter von seltener Genialität zur gleichen Zeit am unwahrscheinlichsten aller Orte?

Das Konzert wurde kurz gehalten, weil es immer noch gefährlich war, so viele Soldaten so nah an der Front im Freien zu versammeln. Als Cohen zu Ende gesungen hatte, wurde er weggeführt, und die Einheiten zerstreuten sich. Die Männer suchten sich ihren Weg über die tückischen Pfade zurück, wobei sie den herumliegenden Sprengkörpern auswichen, und legten sich in den Betonräumen schlafen, um auf das Ende des Krieges zu warten. Während sie warteten, berührte Yehuda – der Junge, der geschickt worden war, um sie zu Cohen zu rufen, der aber gar nicht wusste, wer Cohen war und was er selbst hier tat – etwas auf dem Boden, das ihn in Stücke sprengte. Er war achtzehn Jahre alt.

Etwa zu dieser Zeit begannen die Waffenstillstandsverhandlungen und dann die Verstöße gegen den Waffenstillstand. Henry Kissinger übermittelte Nachrichten von Jerusalem nach Kairo und zurück. Oshik hörte Cohen sagen: „Sobald die Politiker im Spiel sind, bin ich raus." In Suez beschloss die Armee im letzten Moment, vom Rand aus in den Stadtkern vorzustoßen, und schickte Panzer und Fallschirmjäger die Hauptstraße hinunter. Dabei unterschätzten sie die Ägypter, ganz so, als hätten die vorangegangenen drei Wochen nicht stattgefunden. Die Konvois gerieten in einen Hinterhalt und Dutzende von Soldaten starben, bevor sie herausgeholt werden konnten. Jacob konnte die Schlacht von der Düngemittelfabrik außerhalb der Stadt hören.

Die Musiker von Cohens improvisierter Band hatten widersprüchliche Erinnerungen an den Angriff. Laut Oshik spielten sie auf einem Flugplatz, als die Truppen in Herkules-Transporter stiegen, um nach Suez zu fliegen. Er vermutet, dass Pupik bei ihm war, aber nicht Cohen. Er selbst stand singend neben den Flugzeugen. „Wir saßen auf dem Flugplatz fest", sagte er, „und am Abend kamen die Soldaten zurück. Es wäre besser gewesen, sie nicht zu sehen." Die Musiker ließen ihre Instrumente fallen und halfen dabei, die Verletzten auf Bahren von den Hubschraubern zum Feldlazarett zu tragen.

Matti Caspi beschreibt eine fast identische Szene auf einem Luftwaffenstützpunkt, datiert sie aber eine Woche früher und platziert Cohen dort. „Ich erinnere mich an ein surrealistisches Bild", schreibt er.

Eine Herkules sei gelandet und Dutzende von Soldaten seien ausgestiegen. Jemand gab einen Befehl, sie setzten sich auf das Rollfeld, und Cohen spielte „Bird on the Wire", während Caspi ihn begleitete. Als das Lied zu Ende war, stiegen sie auf Lastwagen in Richtung Suezkanal. Eine weitere Herkules landete mit neuen Soldaten, und sie spielten wieder „Bird on the Wire". „Wie am Fließband", erinnerte sich Caspi, „standen wir den ganzen Tag da und Leonard sang den Soldaten, die landeten, das Lied vor, und dann stiegen sie in die Lastwagen." An diesem Abend fuhren die Musiker mit Lastwagen über den Kanal, wo sie verwundete Soldaten in Hubschrauber verluden. Sie erkannten, dass es dieselben Soldaten waren, für die sie am Tag zuvor gespielt hatten.

Wann immer das geschah, es scheint Cohen gebrochen zu haben:

25. Der Hubschrauber landet. Im starken Wind eilen die Soldaten herbei, um ihn zu entladen. Er ist voll mit Verwundeten. Ich sehe ihre Verbände und unterdrücke meine Tränen. Es sind junge Juden, die sterben. Dann sagt mir jemand, dass es ägyptische Verwundete sind. Meine Erleichterung verblüfft mich. Ich hasse das. Ich hasse meine Erleichterung. Das kann nicht vergeben werden. Das ist Blut an deinen Händen.

24.

KRIEG IST EIN TRAUM

Bevor er das Land verließ, kehrte Cohen nach Tel Aviv zurück. Er brauchte einige Tage, um seine Gedanken zu ordnen und sich zu orientieren. In dieser Zeit, so steht es in seinem Manuskript, verletzte er systematisch das halbherzige Keuschheitsgelübde, das er im Flugzeug abgelegt hatte – in Zimmer 8 des Hotels Gad mit der ersten Frau, dann am Strand, dann wieder in Zimmer 8, aber mit einer anderen Frau.

33. Ich hänge ein paar Tage lang in den Cafés von Tel Aviv herum, bis mir schlecht wird.
34. Ich beschließe, Israel zu verlassen, aber zuerst muss ich nach Jerusalem gehen. Ich werde zu Fuß nach Jerusalem gehen. Ich verlaufe mich in den Außenbezirken von Tel Aviv und finde mich auf der Straße mit den vielen Cafés wieder.

Er gab es auf, zu Fuß nach Jerusalem zu gehen, und nahm stattdessen einen Bus. Ein letztes Mal traf er Asher und Margolit, das Paar, das er im Flugzeug nach Israel kennengelernt hatte. Sie repräsentierten die Verbundenheit mit diesem Ort, mit diesem Volk und untereinander. Margolits hübsche Schwester war auch da. Beim Abendessen kam Asher erneut auf eines ihrer Gesprächsthemen zurück: „Du musst dich entscheiden, ob du ein Lüstling oder ein Priester bist." Cohen wollte kein Priester sein.

Der Besitzer einer Hummus-Bude in der Jerusalemer Innenstadt, Meir Micha, erinnert sich, Cohen auf der Straße gesehen zu haben. Meir war ebenfalls gerade von der Front zurück und erkannte Cohen, weil er ihn auf dem Sinai hatte spielen sehen. Meir weiß nicht mehr, was er gesungen hat, nur dass er Gitanes rauchte, blau, ohne Filter – „eine Zigarette mit einer Botschaft, die Künstler-Zigarette". Anfang November wird es kalt in Jerusalem. Die Kalksteinbauten glitzern im

Regen. Meir erinnert sich, dass Cohen allein unterwegs war, die Hände in den Taschen eines langen Mantels verborgen. Meir war zu schüchtern, um ihn anzusprechen. Aber andere taten es, wie Cohen schrieb: „Die Leute halten mich an und danken mir hier und sagen mir, ich solle Jerusalem nie verlassen." Aber natürlich ging er doch.

Das literarische Manuskript, das er nach seiner Rückkehr abtippte, endet damit, dass er mit Suzanne und dem Kind in das weiße Haus auf der Insel zurückkehrt. „Das ist das Ende der Geschichte", schreibt er,

doch ich muss noch erzählen, wie sie schön wurde, als ob ich es geahnt hätte. Der Wind knallt immer wieder gegen meinen Fensterladen und reißt ihn auf, um der Nacht den erbärmlichen Anblick von mir an meinem Tisch zu zeigen. Zweimal musste ich einen mageren Hund von den Mülltonnen fortjagen. Es ist eine wilde Nacht. Keine Frage: Der Mond wird die Wolken überleben. So sicher, wie das Gehirn sich läutern kann, ist sie schön geworden. So sicher, wie der Krieg ein Traum ist und die verwundeten Männer sich nicht erinnern können, warum, ist sie schön geworden.

Das Manuskript wurde nicht veröffentlicht und auch nicht fertiggestellt. Später erwähnte Cohen den Krieg nur noch selten. Wie sein enger Freund, der amerikanische Schriftsteller Leon Wieseltier, erzählt, bezog sich das Schweigen nicht nur auf Interviews, sondern auch auf private Gespräche. „Leonard sprach über seine privatesten Erlebnisse, aber nie über seine öffentlichen", so Wieseltier. „Er sprach nie über seine Teilnahme an öffentlichen oder historischen Ereignissen." Der Grund, so vermutet er: „Es hätte hochmütig geklungen." Das mag sein, doch genauso könnte er geglaubt haben, dass seine Poesie durch eine Verbindung zu realen Ereignissen Schaden nehmen würde. Es ist auch möglich, dass Cohens Auftreten auf der israelischen Seite im Krieg seinem Wunsch nach Unabhängigkeit von beiden Seiten und seinem Misstrauen gegenüber politischen Programmen widersprach – „Nach wessen Plan?" Und es ist wahr, dass sich die Stimmung gegenüber Israel in den Jahren nach dem Krieg veränderte. Zum Teil lag dieser Umschwung daran, dass ein Sieg, den Israel gerade unter hohen Verlusten errungen hatte, der Sympathie abträglich ist. Die Politik wurde immer zwielichtiger.

Nur ein einziger Interviewer scheint etwas Relevantes zu diesem Thema veröffentlicht zu haben: der britische Musikschriftsteller Robin Pike, der Cohen im September 1974, weniger als ein Jahr nach dem Krieg, in London traf.

PIKE: Sie erwähnten, dass Sie zur Zeit des letzten Krieges nach Israel zurückkehrten und dort sangen. Können Sie etwas mehr darüber erzählen? Auf welche Weise haben Sie sich beteiligt?

COHEN: Ich habe mich lediglich einer Unterhaltungsgruppe der Luftwaffe angeschlossen. Wir wurden an kleinen Orten abgesetzt, z. B. an einem Raketenstützpunkt, sie leuchteten uns mit ihren Taschenlampen an und wir sangen ein paar Lieder. Oder sie gaben uns einen Jeep und wir fuhren die Straße entlang in Richtung Front, und wo immer wir ein paar Soldaten sahen, die auf einen Hubschrauber warteten, sangen wir ein paar Lieder. Auf dem Luftwaffenstützpunkt haben wir dann vielleicht ein kleines Konzert gegeben, manchmal mit Verstärkern. Es war sehr informell und sehr intensiv. Wo immer man Soldaten sah, blieb man einfach stehen und sang.

PIKE: Das scheint mir ziemlich gefährlich zu sein. Hatten Sie persönlich keine Angst, getötet zu werden?

COHEN: Ein- oder zweimal schon. Aber man wird von der Sache in den Bann gezogen. Und die Wüste ist wunderschön. Für ein oder zwei Momente denkt man, dass das eigene Leben einen Sinn hat. Und Krieg ist wunderbar. Sie werden ihn nie abschaffen. Er ist eine der wenigen Gelegenheiten, bei denen man sich von seiner besten Seite zeigen kann. Er ist, was Gesten und Bewegungen angeht, so sparsam. Jede einzelne Geste ist präzise, jede Anstrengung ist total. Niemand blödelt herum. Jeder ist für den anderen verantwortlich. Das Gefühl von Gemeinschaft, Verwandtschaft und Brüderlichkeit, Hingabe. Man kann dort Dinge fühlen, die man im modernen Stadtleben einfach nicht fühlen kann. Das ist sehr beeindruckend.

PIKE: Offensichtlich hat Sie das angespornt. Haben Sie festgestellt, dass es Ihr Schreiben stimuliert hat?

COHEN: In gewisser Weise. Aber nicht wirklich. Ich habe dort nur einen Song geschrieben.

PIKE: Es gab in der Vergangenheit Zeiten, in denen die Menschen nach oder während eines Krieges großartige Dinge geschrieben haben.

COHEN: Ich habe nicht genug gelitten. Ich habe niemanden verloren, den ich kannte.

Einen Monat später, nach einem Konzert in Barcelona, kam das Thema erneut zur Sprache, als er mit dem spanischen Schriftsteller Jordi Sierra i Fabra sprach. Hier ist er weniger geduldig.

FABRA: Warum haben Sie das Konzert mit einem Militärgruß beendet? Warum tun Sie das nach jedem Ihrer Konzerte?

COHEN: Weil ich mich nicht als Zivilist betrachte. Ich betrachte mich als Soldat, und das ist die Art, wie Soldaten salutieren.

FABRA: Aber ... ein Soldat? Auf welcher Seite? In welchem Sinne?

COHEN: Das überlasse ich Ihrer Fantasie. Ich bin ein Soldat. Das ist alles. Ich möchte nicht über Kriege oder Seiten sprechen.

FABRA: Nichtsdestotrotz ist „Lover Lover Lover" Ihren „Brüdern" im arabisch-israelischen Krieg gewidmet, und außerdem waren Sie dort und haben für sie gesungen. Das zeigt, dass Sie sich auf eine Seite stellen und in gewisser Weise für sie kämpfen.

COHEN: Der persönliche Prozess ist eine Sache – das Blut, die Identifikation, die man mit seinen Wurzeln und seiner Herkunft empfindet. Der Militarismus, den ich als Person und als Schriftsteller praktiziere, ist etwas anderes.

FABRA: Aber Sie machen sich Sorgen über den Krieg, und deshalb wäre es logisch, dass Sie sich über beide Seiten Gedanken machen.

COHEN: Ich möchte nicht über den Krieg sprechen.

In späteren Interviews gibt es kaum noch Anspielungen auf Cohens Erfahrung im Krieg. Ebenso wenig gibt er preis, was diese für ihn bedeuten. Wer auf einen Hinweis hoffte, musste seine Arbeit äußerst aufmerksam verfolgen und den Song „Night Comes On" bemerken, der ein Jahrzehnt später auf dem Album „Various Positions" erschien. Zu diesem Zeitpunkt schien Cohen schon ein Mann von gestern zu sein. Sein amerikanisches Label machte sich bekanntlich nicht einmal die Mühe, das Album zu veröffentlichen, obwohl es nicht nur einen bleibenden Song wie „Dance Me to the End of Love" und „If It Be Your Will" enthielt – vielleicht Cohens bestes Lied –, sondern auch „Hallelujah", heute eines der beliebtesten Lieder der Welt.

Jede Strophe in „Night Comes On" verweist auf ein Kapitel in der Biografie des Dichters: den Tod seiner Mutter ein paar Jahre zuvor, die ungeliebte Häuslichkeit, die wundersame Geburt seiner eigenen Kinder. Es ist ein Lied über Cohens intimes Leben mit den Menschen, die ihm am nächsten stehen. Inmitten von all dem, nach einem Gespräch mit seiner Mutter an ihrem verschneiten Grab –

Wir kämpften in Ägypten, als sie dieses Abkommen unterzeichneten
Dass niemand mehr sterben musste
Da war dieses schreckliche Geräusch, mein Vater ging zu Boden
Mit einer schrecklichen Wunde in der Seite
Er sagte, versuch weiterzumachen, nimm meine Bücher, nimm meine
Pistole
Erinnere dich, mein Sohn, wie sie gelogen haben
Und die Nacht bricht an, sie ist sehr ruhig
Ich würde gerne so tun, als ob mein Vater sich geirrt hätte
Aber du willst nicht lügen, nicht gegenüber der Jugend.

Nathan Cohen kämpfte im Ersten Weltkrieg als Leutnant, einer der ersten Juden, die in der kanadischen Armee als Offiziere eingesetzt wurden. Er starb, als sein Sohn neun Jahre alt war, und Leonard Cohen schätzte seine Bücher und seine Waffe, einen 38er Revolver, sehr. Nathans Tod kam viele Jahre nach Kriegsende, und die Ursache war eine Krankheit. Aber hier bringt Cohen ihn mit dem Krieg in Verbindung, den „wir" in Ägypten geführt haben und den er für würdig hält, in die kurze Liste der bedeutsamen Ereignisse im Leben seiner Familie aufgenommen zu werden.

Jahrzehnte später, als Cohens Biografin Sylvie Simmons an ihrem 2012 erschienenen Buch „I'm Your Man" arbeitete, fragte sie ihn nach dem Krieg. Cohen war in seinen Siebzigern und nicht mehr so zurückhaltend. Jetzt sprach er zum ersten und möglicherweise einzigen Mal über die Bedeutung der Ereignisse vom Oktober 1973. Die Zitate haben es nicht in die veröffentlichte Biografie geschafft, und Simmons war so freundlich, mir zu erlauben, sie hier zu veröffentlichen.

„Sie schienen sich zur Gewalt hingezogen zu fühlen", sagte sie zu ihrem Gesprächspartner.

SIMMONS: Manchmal schienen Sie auf der Suche nach einem Krieg zu sein – Ihre Reise nach Kuba oder Ihr Versuch, sich der israelischen Armee im Jom-Kippur-Krieg anzuschließen.

COHEN: Ja, das bin ich. Das Gefühl der Feigheit bewegt die Menschen dazu, dem tiefsten Verständnis ihrer eigenen Natur zu widersprechen. Deswegen bringen sie sich in gefährliche Situationen.

SIMMONS: Als Test?

COHEN: Eine Art Test. Und sie hoffen auf eine Art von Widerspruch gegen ihre eigene tiefste Überzeugung.

Simmons fragte nach den Auswirkungen auf sein Leben danach. Er sagte:

Nachdem ich in diesem kleinen Krieg gewesen war, der einen großen Einfluss auf mich hatte, als ich nach dem Krieg nach Hydra zurückkam und die Erfahrung gemacht hatte, was mit den Menschen im Krieg passiert, dachte ich, ich würde versuchen, aus dieser Situation etwas zu machen. Da war ein kleines Kind, da war ein schönes Haus in Hydra, da war Suzanne, wir hatten eine Geschichte. Und es gab so viel Tod und Schrecken in der Welt, wissen Sie? Ich werde mich um den kleinen Garten kümmern. Es ist vielleicht nicht der Garten, den ich wollte, und es sind nicht genau die Blumen, die ich gepflanzt habe, aber es ist mein kleiner Garten, und ich werde mein Bestes tun.

Das könnte Cohen gemeint haben, als er am Ende seines Manuskripts schrieb, seine Frau sei wieder schön. Im Jahr nach dem Krieg bekamen Cohen und Suzanne ein zweites Kind, eine Tochter, die sie Lorca nannten, nach dem spanischen Dichter Federico García Lorca.

25.

WER DURCH FEUER

Viereinhalb Monate nach dem Waffenstillstand findet sich ein weiterer Eintrag in Cohens Notizbuch, geschrieben in Asmara, Äthiopien. Er arbeitete an neuen Liedern. Er würde nie sagen, dass seine Erfahrung auf dem Sinai – diese intimen Konzerte, bei denen es um Leben und Tod ging – seinen Glauben an das, was er zu sagen hatte, wiederherstellten. Er würde nie darüber reden, ob er in Israel wirklich den Ort gefunden hatte, den er sich in seinem Manuskript ausgemalt hatte, den Ort, an dem er „neu beginnen" konnte. Diese Art von Erklärung war nicht Cohens Stil. Wenn er mit neununddreißig Jahren seinen kreativen Faden verloren hätte, wäre das keine Überraschung gewesen – die meisten Sänger schaffen es nicht einmal bis dahin. Einzigartig ist die Tatsache, dass er nicht ausgebrannt ist, sondern es geschafft hat, sich wieder aufzurappeln. Hätte er in jenem Jahr aufgehört, würde es „Hallelujah", „Anthem", „Everybody Knows" und viele andere Meisterwerke schlicht nicht geben. Jeder, der von diesen Liedern berührt wurde, wäre ein anderer, wenn sie nie geschrieben worden wären.

Fest steht: 1973, vor dem Krieg, sprach er über den Ruhestand und sagte, er wolle „die Klappe halten". Nach dem Krieg veröffentlichte er „New Skin for the Old Ceremony". Es ist ein Vergnügen, in Cohens kleinen Notizbüchern zu stöbern und zu sehen, wie Worte in seinem Kopf entstehen, die bald von Millionen von Menschen gehört werden sollten. So etwa dieses Gekritzel aus den Monaten, in denen das Album entstand:

Mi[ttwoch]
Chelsea Hotel kaputt
Ich habe dich nie sagen hören:
Ich brauche dich
Ich brauche dich nicht

Ich brauche dich
Ich brauche dich nicht
& das ganze Geplänkel

Im Gegensatz zu seiner Beschreibung der berühmten Begegnung mit
Janis Joplin in New York wurde sein bescheidenes Gedicht über Aleece
in Zimmer 8 nie vertont, und das Gad Hotel erlangte nie den Ruhm des
Chelsea Hotel. Das Hotel in Tel Aviv gibt es schon seit Jahren nicht
mehr, es ist vergessen.

Eine Seite des Notizbuchs sieht aus wie der Anfang eines Tage-
buchs. Dort steht: „Imperial Hotel, Asmara, Äthiopien, 21. März 1974".
Cohen berichtet von einem „ausgezeichneten Mittagessen im Albergo
Italiano", nach dem er sein weißes Hemd wusch und auf dem Balkon
zum Trocknen aufhängte. Er sang eine Stunde lang. „Die ersten beiden
Strophen von Chelsea Hotel genügen, die dritte kann man streichen."
Er mietete ein Fahrrad und kaufte grauen Stoff für einen Anzug, der bis
zum kommenden Sonntag fertig sein sollte. Um vier Uhr nachmittags
war sein Hemd fast trocken, er weichte seine graue Cordhose ein und
hängte sie in die Abendluft.

Dann, mit einem verwirrenden geografischen Sprung, tauchen diese
Zeilen auf:

Hydra
März 1974
Und wer – und wer soll ich sagen – ruft?

Zwei Seiten später erscheint die embryonale Form des Liedes:

Wer durch Feuer, wer durch Wasser
wer im Sonnenschein, wer in der Nacht
wer durch strengen Befehl, wer durch seine eigene Hand
wer inmitten der Liebe, wer durch den wütenden Mob
und wer, soll ich sagen, ruft

An anderer Stelle findet sich dieses Fragment:

wer durch Erdbeben
wer durch Herzschmerz

Cohen bezog sich dabei auf Unetaneh Tokef, das mittelalterliche Gebet, das am Versöhnungstag gesprochen wird. Ein menschliches Leben, so schrieb der anonyme Verfasser des Gebets, ist „wie eine zerbrochene Scherbe, wie trockenes Gras, eine verwelkte Blume, wie ein vorübergehender Schatten und eine verschwindende Wolke, wie eine Brise, die weht, und Staub, der sich verstreut, wie ein Traum, der davonfliegt". In der buddhistischen Tradition, in die Cohen eingetaucht war, gibt es ähnliche Passagen: Unsere Existenz, so das Diamant-Sutra, ist wie „eine Blase, die in einem Strom schwimmt, wie ein Blitz in einer Sommerwolke oder eine flackernde Lampe, eine Illusion, ein Phantom oder ein Traum". Das jüdische Gebet führt weiter auf, wie diese Leben im kommenden Jahr enden könnten, je nachdem, wie die Schicksale am Jom Kippur besiegelt werden – durch Feuer, durch Wasser, durch wilde Tiere oder das Schwert. Es ist das Gebet, das in Synagogen in ganz Israel gesungen wurde, kurz bevor die Sirene am 6. Oktober 1973 Tausende von Menschen in den Tod schickte, durch Feuer oder Wasser, und sie wie Staub oder Träume verwehen. Einige dieser Menschen sind auf diesen Seiten erwähnt worden.

Das alte Gebet wurde nach dem Krieg in zwei bemerkenswerten Formen verarbeitet. Cohens Version, „Who by Fire", war die erste. Sein Lied ist heute berühmter als das Original. Die zweite entstand in einem Kibbuz im Norden Israels, über dem der Krieg immer noch „als eine schwarze Wolke" schwebt, wie ein Mitglied sagte.

„Ein paar Tage nach Kriegsende begannen innerhalb der Einheit Gerüchte zu kursieren", sagte Amichai Yarchi, ein Soldat aus dem Kibbuz Beit HaShita, in einem Interview im israelischen Fernsehen. Die ersten Gerüchte besagten, der Kibbuz habe zehn Mitglieder verloren, dann elf. Das schien nicht möglich. Doch nach dem Waffenstillstand fuhren elf kleine Armeelaster durch die Tore des Kibbuz, mit eingeschalteten Scheinwerfern, obwohl es schon Tag war. Jeder transportierte einen Sarg. Bei den Männern handelte es sich um die nächste Generation des Kibbuz – junge Arbeiter und Väter, die meisten von ihnen Reservisten, die ein paar Wochen zuvor aus ihrem regulären Leben abberufen worden waren. Viele Menschen in Israel, insbesondere in Kibbuzim wie diesem, hatten Jom Kippur vor 1973 nicht begangen, weil sie glaubten, ihre Generation habe die archaische Religion hinter sich gelassen. Nach dem Krieg wurde Jom Kippur im Kibbuz zu einem Trauertag. „Ich habe zwei Jom Kippur", sagte Yarchi. „Der eine Jom Kippur ist der Tag, an dem der Krieg ausbrach, und der andere Jom Kippur gehört dem Rest des Volkes Israel und wird von Generation zu Generation weitergegeben. Der Jom Kippur des Krieges war das Ende einer Ära und der Beginn einer neuen, von der sich Beit HaShita und der Staat Israel meiner Meinung nach noch nicht erholt haben."

Wie sich Israels Musikszene nach dem Krieg in Cohens Richtung bewegte, weg vom Kollektiv und hin zur individuellen Seele, so bewegte sich auch das spirituelle Leben des Landes in seine Richtung, indem es den militanten Säkularismus der Gründer zugunsten einer Offenheit gegenüber der alten Weisheit aufgab. Meir Ariel, der Sänger und Soldat, der sich zur gleichen Zeit wie Cohen in der Nähe von Suez aufhielt, wurde in einem säkularen Kibbuz geboren, näherte sich aber schließlich dem traditionellen Judentum an und schrieb, wie Cohen, Lieder, die man nur als Gebete bezeichnen kann. Andere verließen die westliche Zivilisation und wandten sich der Welt der unbeugsamen Orthodoxie zu, wie Cohens Bandkollege Pupik Arnon, der Komiker. Rabbi Mordechai Arnon starb im Alter von achtundsiebzig Jahren, bald nachdem ich ihn in seiner winzigen Wohnung in Jerusalem interviewt hatte, und hinterließ sechs Kinder und einundzwanzig Enkelkinder.

Die Trauer im Kibbuz Beit HaShita war auch siebzehn Jahre nach dem Krieg, im Jahr 1990, noch groß, als einer der berühmtesten israelischen Liedermacher zu Besuch kam. Yair Rosenblum hatte Dutzende von Hits im alten israelischen Stil geschrieben, darunter viele für die Unterhaltungstruppen der Armee – ein Genre, dessen Ära nun vorbei war. Als in jenem Jahr Jom Kippur nahte und sich die alljährliche „schwarze Wolke" über den spartanischen Kibbuzhäusern im Tal zusammenzog, „beschloss er, diesem besonderen Tag etwas Persönliches, etwas von sich selbst zu geben", wie sich ein Kibbuznik später erinnerte.

Zuerst dachte er daran, neue Musik für das Gebet Kol Nidre („All meine Gelübde") zu schreiben, mit dem der Gottesdienst am Vorabend vom Jom Kippur eröffnet wird, dessen aramäischer Text jedoch juristisch und wenig inspirierend klingt. Dann stieß er auf Unetaneh Tokef („Lasst uns von der Kraft erzählen"), das gleiche Gebet, das Cohen inspiriert hatte. Die Worte hätten von der Art und Weise, wie Jom Kippur von den Kibbuzniks begangen wurde, nicht weiter entfernt sein können. Seit dem Krieg war es ein Tag der Meditation und der Ehrung der Toten – Zeremonien, die nichts mit einem Gott zu tun hatten, dessen Nichtexistenz ihr Glaubenssatz blieb. In dem Gebet dagegen ist der

Mensch unbedeutend neben einer Gottheit, die sowohl ein Hirte als auch ein gerechter, furchterregender Richter ist.

„Yair las es und wusste, dass es das war, wonach er suchte", schrieb Michal Shalev, eine Freundin des Liedermachers, später. „Er machte die ganze Nacht kein Auge zu und wartete auf den Morgen, damit das Haus menschenleer war und er ungestört spielen konnte." Als Shalev gegen 10 Uhr morgens eintraf, fand sie Rosenblum „schreibend und weinend" vor. Er spielte ihr eine Komposition vor, die europäische Kantorenmelodien, sephardische Klänge und die Musik des modernen Israel miteinander verband. „Es war einer dieser Momente, in denen man erschüttert ist und eine Begeisterung verspürt, die keinen Raum für Worte lässt."

Es gab ein Mitglied des Kibbuz, das eine gute Gesangsstimme hatte, und als sich die Gemeinde an jenem Jom Kippur versammelte, sang er die neue Melodie. Rosenblum hatte einen emphatischen religiösen Text in eine atheistische Hochburg eingebracht und damit den empfindlichsten Nerv der Gemeinschaft getroffen: den Verlust von elf Söhnen in nur einem Monat. Das Resultat scheint überwältigend gewesen zu sein. Die Menschen begannen zu weinen. Die Melodie fand ihren Weg von diesem Kibbuz zu anderen und dann zu Synagogen in ganz Israel, wo sie jetzt wahrscheinlich die beliebteste Melodie für das Gebet ist, das den Höhepunkt des Jom-Kippur-Gottesdienstes markiert. Die Kraft der Komposition liegt in der Art und Weise, wie sie die beiden Teile vom Jom Kippur in Israel miteinander verbindet: die jüdische Tradition und den Krieg von 1973.

Es kommt jedoch immer häufiger vor, dass dasselbe Gebet zu einer anderen Melodie gesungen wird – derjenigen, die Cohen für „Who by Fire" geschrieben hat. So geschah es vor ein paar Monaten in meiner eigenen Synagoge, und niemand wunderte sich. Das Gebet hatte eine Wanderung zurückgelegt: von einer Synagoge irgendwo in der gewalttätigen Welt des mittelalterlichen Europas zur ruhigen Himmelspforte in Montreal. Dort wurde es von einem Kind in den vierziger Jahren gehört und vermischte sich mit dessen Erfahrungen in dem kulturellen Tumult der amerikanischen sechziger Jahre und einer Katastrophe in Israel. Anschließend kehrte es zurück in die Synagoge.

Die neuen Inkarnationen des Gebets nach dem Krieg – Cohens Lied und die Melodie aus dem Kibbuz Beit HaShita – wurden wieder zusammengeführt, als ich an diesem Buch arbeitete. Eine israelische Sängerin, Aya Korem, veröffentlichte eine neue Version: Ihr Lied kombiniert das traditionelle hebräische Gebet, das zu der im Kibbuz komponierten Melodie gesungen wird, mit den ins Hebräische übersetzten Strophen von „Who by Fire". Das Lied verwebt das mittelalterliche Gebet über Leben und Tod, die Melodie aus dem trauernden Kibbuz und das Lied von Leonard Cohen. Diese Fäden sind heute Teil davon, wie die Menschen den Versöhnungstag erleben. Aber in Korems Lied wird nichts davon explizit. Um zu verstehen, was im Text und in der Melodie vor sich geht, muss der Zuhörer von den schrecklichen Tagen im Oktober 1973 erfahren, als Cohen auf dem Sinai war.

26.

EIN SEGEN

Das Gebet, das „Who by Fire" inspiriert hat, ist einer der drei Momente des Jom-Kippur-Gottesdienstes, die zumindest in meinem Kopf mit dieser Geschichte verbunden sind.

Ein weiterer Moment findet am Nachmittag statt, wenn die Gemeinde das Buch Jona liest, in dem die Reise des eigensinnigen Propheten beschrieben wird – nicht nur seine physische Reise vom Land Israel ins ausschweifende Ninive, sondern auch sein Weg von dem Glauben, dass man vor Gott und dem Schicksal davonlaufen kann, hin zu der Erkenntnis, dass eine solche Flucht unmöglich ist. Das Buch beginnt mit Jona, der ins Mittelmeer flieht, und endet damit, dass er in der Wüste strandet. Gegen seinen Willen ist er in die Lage anderer biblischer Propheten versetzt worden, die auf die göttliche Aufforderung einfach mit den Worten „Hier bin ich" – *hineni* – antworten. Dieses hebräische Wort taucht in der Bibel zum ersten Mal in der Geschichte von Isaak auf, gesprochen von Abraham, als er Gottes Stimme hört. Abraham wird aufgefordert, die schrecklichste Tat zu begehen, die er sich vorstellen kann. *Hineni* zu sagen ist das Gegenteil von weglaufen.

Am Ende seines Lebens veröffentlichte Cohen ein Lied mit dem Titel „You Want It Darker". Es ist an Gott gerichtet. Das Thema ist die Sinnlosigkeit unseres Tuns in einem Drehbuch, das wir nicht schreiben.

> *Wenn du die Karten austeilst, bin ich raus aus dem Spiel.*
> *Wenn du der Heiler bist, bin ich verkrüppelt und lahm.*
> *Wenn der Ruhm dein ist, muss die Schande mein sein.*
> *Du willst es dunkler*
> *Wir löschen die Flamme.*

Das Lied wurde von Cohens Sohn Adam produziert, der ein Jahr alt war, als sein Vater Hydra verließ, um auf den Sinai zu gehen. Die Worte sind auf Englisch, bis auf eines: *hineni*. Wenn man sich das Stück anhört,

hört man dieses Wort von jemand anderem gesungen, der seltene Auftritt einer männlichen Stimme in einem Cohen-Song, die nicht seine eigene ist. Als Cohen sich am Ende seines Lebens der Vergangenheit zuwandte, ging er nicht in sein buddhistisches Kloster, nicht nach Indien, Hydra, Französisch-Kanada oder Greenwich Village. Er ging zurück in die Synagoge seiner Kindheit, die von den Cohens in Westmount erbaut worden war. Die Stimme gehört Gideon Zelermyer, dem Kantor der Himmelspforte.

Das Lied enthält ein Fragment aus dem jüdischen Trauergebet, dem Kaddisch: „Gepriesen und geheiligt sei dein heiliger Name." Einige Zuhörer, die wissen, was ein paar Monate nach der Veröffentlichung des Liedes im Jahr 2016 geschah, glauben, dass Cohen das Kaddisch für sich selbst sprach, weil er wusste, dass er nicht mehr lange zu leben hatte. Aber Robert Kory, der Freund und letzte Manager des Sängers, erinnert sich, dass Cohen ihn im Sommer 2015 anrief, um ihm die erste Fassung des Songs vorzuspielen. Kory machte die kurze Reise von seinem Büro in Beverly Hills zum Haus des Dichters in Hancock Park. Cohen war zu der Zeit krank, sagte Kory, ging aber davon aus, dass er sich erholen würde. Er sprach sogar von einer neuen Tournee. Cohen spielte ihm im Wohnzimmer „You Want It Darker" vor. Der Song war die Vorhersage einer düsteren Zukunft, nicht für Cohen, sondern für jeden Einzelnen. Amerika wurde immer finsterer, aber es gab nicht viele, die das im Sommer 2015 spürten. Kory erinnert sich, dass ihm ein Schauer über den Rücken lief und er Cohen fragte, ob er nicht eine heitere Vision für ihre Kinder und Enkelkinder entwerfen könne. „Ich schreibe die Lieder nicht", sagte Cohen.

Er schaffte es nicht mehr, auf Tour zu gehen, und starb kurz nach der Veröffentlichung des Liedes. Er wurde auf dem Friedhof der Himmelspforte beigesetzt, neben seinen Eltern. Derselbe Kantor las die Gebete. Vor langer Zeit hatte er in „Lover Lover Lover" seinen Vater gebeten, seinen Namen zu ändern, aber auf dem Grabstein steht der Name, den sein Vater ihm gegeben hat: Leonard auf Englisch, Eliezer auf Hebräisch. Er hat ihn nie geändert.

Der dritte und letzte Teil des Jom-Kippur-Gottesdienstes, der an diese Geschichte erinnert, findet um die Mittagszeit statt, kurz vor dem Ertönen der Sirene am 6. Oktober 1973. Männer, die von der Priesterklasse abstammen, die die Bezeichnung „Cohen" und manchmal auch diesen Namen tragen, stehen auf, um die Gemeinde zu segnen. Sie ziehen ihre Schuhe aus, wie es die Priester im Tempel taten, hüllen sich in ihre Gebetsschals, teilen ihre Finger in der Mitte und sagen: „Der Herr segne dich und behüte dich; der Herr lasse sein Angesicht leuchten über dir und sei dir gnädig; der Herr erhebe sein Angesicht auf dich und gebe dir Frieden." Im Hebräischen besteht das Ganze aus nur fünfzehn Worten.

Wenn sich Cohen während seiner Zeit in Israel zu etwas hingezogen fühlte, dann war es nicht nur die Synagoge oder der Stamm als solcher, sondern sein bestimmter Platz in diesem Stamm. Das ist es, was der Proselyt Asher meint, wenn er in seinen bizarren Monologen über Cohens Entscheidung sprach, „ob er ein Lüstling oder ein Priester ist", und in seinem Brief an den Dichter schrieb: „Wir glauben, dass, wenn du den Umhang des Propheten Elia annimmst, der Geist Gottes auf dir sein wird, um dich zu einem echten Cohen zu machen." Das ist es, was Cohen selbst in seinem unveröffentlichten Manuskript meint, wenn er an einer Stelle von seinem „ruinierten kohanischen Segen" spricht. Das Thema ging ihm durch den Kopf. Als Kind sagte er einmal: „Als man mir sagte, ich sei ein Cohen, habe ich es geglaubt. Ich hielt es nicht für eine Nebensache." Als er erwachsen wurde, sah er in der Rolle der Priester nur noch das Auswendiglernen, ein Symbol dafür, wie das tote Ritual das kreative Feuer ersetzt hatte. Man muss nichts wissen, um diese fünfzehn Worte auswendig zu lernen. Aber die Vorstellung, dass ein gewöhnlicher Mensch, ein Lebensmittelhändler oder Zahnarzt, ein Mensch ohne besondere moralische Qualitäten, für einen Moment in das zerbrochene Gefäß eines göttlichen Segens verwandelt werden kann – das ist in der Tat ein schöner Gedanke. Es ist ein Leonard-Cohen-Gedanke.

Cohens letzte Wiederbegegnung mit Israel war im Jahr 2009. Er hatte dem Publikum den Rücken gekehrt und sich in das Kloster auf Mount Baldy zurückgezogen. Als er dann bemerkte, dass sein Manager seine Ersparnisse gestohlen hatte, ging er zum ersten Mal seit fünfzehn Jahren wieder auf Tournee. Damals stellte er fest, dass er in die obersten Ränge von Ruhm und Bewunderung aufgestiegen war, dass er Stadien auf der ganzen Welt füllen konnte. Seine Depression hatte sich aufgelöst. Das Alter hatte ihn aus dem Griff seiner Triebe befreit. Er schien glücklich zu sein. Das ist der Cohen, an den wir uns jetzt erinnern – ein verschmitzter Kavalier mit Filzhut, ein liebenswürdiger Abgesandter aus einer edleren Zeit.

Wie schon Cohens Tournee 1972 endete auch diese in Israel. Der Veranstaltungsort in Tel Aviv war nur wenige Kilometer von dem Café entfernt, in dem ihn sechsunddreißig Jahre zuvor die Musiker abgeholt und zum Sinai gebracht hatten. Das Café war verschwunden, ebenso wie die alte Bohème; heute befindet sich an dieser Stelle die Filiale einer Kaffeehauskette, an der man tätowierte Jugendliche auf Elektrorollern vorbeiflitzen sieht. In den dazwischen liegenden Jahren hatte Israel den Kibbuz und das Ideal des Kollektivs aufgegeben und sich auf Cohen und das Individuum zubewegt. Aber gleichzeitig war die Welt, in der Cohen sich einen Namen gemacht hatte – die Welt, die einst Menschen wie Bob Dylan, Paul Simon und andere jüdische Kinder willkommen geheißen hatte, die von ihren Eltern davongelaufen und in eine Kultur entflohen waren, die sich nicht darum scherte, woher sie kamen – eine andere geworden. Diese amerikanische Welt zerfaserte und wirkte zusehends heimtückisch. Die Stämme traten wieder auf den Plan und schotteten sich gegeneinander ab. Als er zurückkehrte, war Israel ihm ähnlicher geworden, und die Welt war Israel ähnlicher geworden.

Tel Aviv war nicht länger der arme Cousin von New York oder Paris. Es hatte seine ganz eigene mediterrane Kultiviertheit gefunden und brauchte keine ausländischen Berühmtheiten mehr, um sich cool zu fühlen. Aber die Menschen hier waren immer noch ganz aus dem Häuschen, wenn sie Leonard Cohen wiedersahen.

Dass die Israelis Cohen immer als eine Art Israeli betrachteten, liegt nicht nur daran, dass er Jude war. Es gibt viele jüdische Künstler, aber fast keinen mit diesem Status. Es liegt, zumindest teilweise, an der Erinnerung daran, dass Cohen in einem der dunkelsten Momente dieses Landes herbeigeeilt ist. Das musste er nicht, und nur wenige andere taten es. Die Geschichte von Cohen auf dem Sinai ist den Menschen hier bekannt, auch wenn die Details nie wirklich klar waren. Wenige Minuten, nachdem der Kartenverkauf in Tel Aviv begonnen hatte, waren die Telefonleitungen zusammengebrochen.

Als er vor vielen Jahren auf der Bühne in Jerusalem stand, war er gelähmt gewesen von dem Gefühl, dem kritischen Urteil der eigenen Familie ausgesetzt zu sein. Und auch jetzt konnte Cohen dieses Land immer noch nicht als eine gewöhnliche Station auf seiner Tour betrachten. Anfangs spielte er deswegen mit den Gedanken, Israel lieber ganz auszulassen. Er änderte seine Meinung erst, als junge Israelis den Posteingang seines Managers mit mehr Anfragen überschwemmten, als sie ignorieren konnten. Der Plan war es, ein Wohltätigkeitskonzert zu spielen, dessen Erlöse an trauernde israelische und palästinensische Eltern gehen sollten, die ihre Kinder durch Gewalt verloren hatten und sich für den Frieden einsetzten. Um die erhitzte politische Gemütslage der Region zu besänftigen, kündigte er auch einen zweiten Auftritt in der palästinensischen Stadt Ramallah an, doch dieses Vorhaben fiel der gleichen Stimmung zum Opfer, die den Krieg von 1973 ausgelöst hatte. Auf arabischer Seite gab es Boykottaufrufe gegen seine Show; die Leute schienen seinen Versuch der Unparteilichkeit ebenso wenig überzeugend zu finden wie seine damalige Behauptung, er habe „Lover Lover Lover" für Soldaten auf beiden Seiten geschrieben. Die Show in Ramallah fand nicht statt, und auch der Frieden kam nicht zustande. Aber fünfzigtausend Menschen kamen nach Tel Aviv.

Unter ihnen waren viele der Figuren in diesem Buch. Orly aus der zerstörten Radarstation war dabei, die Cohen mit neunzehn Jahren ihr Bett überlassen hatte. Ebenso ihre Freundin Pnina, die den feindlichen Panzerkommandanten nach dem schrecklichen Versehen auf dem Hügel Hebräisch sprechen hörte. Sie hatten jetzt Kinder in dem Alter, in dem sie Cohen das erste Mal begegnet waren. Zusammen mit allen anderen schwenkten sie grün fluoreszierende Leuchtstäbe durch die Luft.

Roni, der Marineleutnant, der sich mit Cohen an Bord der Bathseba hatte fotografieren lassen, war mit seiner Tochter da. Shlomi aus Patzis Wüstenjäger-Crew hatte Karten gekauft, war dann aber doch nicht hingegangen. Cohen hatte neben ihm auf einem Helm im Dunkeln auf der anderen Seite des Kanals gesessen. Er war nahe genug, um ihn zu berühren, doch ihn in einem Stadion zu hören, fühlte sich falsch an. Gidi, der junge Arzt, der „Suzanne" übersetzte und Cohen in einem Feldlazarett sah, lebte in Kanada und besuchte die Show in Hamilton. Er weinte fast die ganze Zeit.

Ofer, der Pilot der Phantom, deren Kommandant vor Port Said in den Wellen verschwand, war in Tel Aviv dabei. Ebenso wie sein Freund Shoshi, der Pilot der Super Mystère, der das erste Konzert in seinem schmutzigen Overall gesehen hatte. Der Sänger Oshik, inzwischen ein ergrautes Mitglied des israelischen Musikpantheons, versuchte, sich mit Cohen zu treffen. Per Fernverbindung erinnerte er ihn daran, dass sie „auf dem Sinai zusammen auf dem Boden geschlafen" hätten. Aber Cohen war fünfundsiebzig und brauchte seine ganze Energie für die

Bühne. Nicht einmal der israelische Staatspräsident konnte ein Treffen arrangieren.

Ob Cohen diesem Publikum tatsächlich mehr gehörte als einem in Nashville oder Barcelona? Das israelische Publikum empfand es jedenfalls so. Das Konzert gilt als eines der besten, das hier je stattgefunden hat, und die Leute sprechen in fast sakralem Ton davon, besonders vom Ende.

Nach der Zugabe, kurz vor Mitternacht, wich das Konzert vom Drehbuch aller anderen Konzerte der Tournee ab. Roni, der ehemalige Marineleutnant, erinnert sich, dass das Stadion „bebte". Es war ein besonderer Augenblick – die Kinder Israels waren am Sinai versammelt, etwas sollte geschehen, und jetzt war es soweit. So fühlte sich so an, obwohl man es nur versteht, wenn man über den Krieg und die Art und Weise, wie Cohen über seinen Platz in diesem Krieg dachte, Bescheid weiß.

Im Stadion war es still. Cohen hob seine Hände und spreizte die Finger. Er wechselte vom Englischen ins Hebräische – nicht das neue Hebräisch der Straßen von Tel Aviv, sondern das altertümliche der Synagoge und der Diaspora, der alten Männer von der Himmelspforte, die Sprache der Priester. Fünfzehn Worte. Er segnete das Volk und verließ die Bühne.

QUELLENHINWEISE

Alle Zitate aus dem Material von Leonard Cohen, veröffentlicht oder unveröffentlicht, erscheinen mit der Genehmigung des Leonard Cohen Family Trust und Old Ideas, LLC. Alle Rechte vorbehalten.

EINFÜHRUNG

S. 7 f.: Die Beschreibung von Cohens Konzert für Soldaten auf dem Sinai stammt aus der mittlerweile eingestellten israelischen Musikzeitschrift *Lahiton*, 2. November 1973. Es wird kein Datum für das Konzert angegeben, aber der ungenannte Reporter schreibt, dass es am 14. Tag der Kämpfe stattfand, was dem 19. Oktober entsprochen hätte.

S. 7: „Ich habe einfach das Gefühl, dass ich die Klappe halten will. Einfach die Klappe halten ..." – Leonard Cohen im Gespräch mit Roy Hollingworth von *Melody Maker*, 24. Februar 1973. Aus der unschätzbaren Quelle: *Leonard Cohen on Leonard Cohen: Interviews and Encounters*, herausgegeben von Jeff Burger (2014).

S. 11: „Für mich ist die Poesie das Zeugnis eines Lebens ..." – Dieses Zitat, in Cohens Stimme, wurde bei einem Gedenkkonzert in Montreal im Jahr 2017 vorgetragen. [Ursprünglich auf YouTube archiviert, war das Video zum Zeitpunkt dieser Übersetzung leider nicht mehr verfügbar. M. G.]

KAPITEL 1: RADARSTATION 528, SHARM EL-SHEIKH

S. 16 ff.: Ruti, Pnina, und Orly ...: Die Erinnerungen von Ruti Porper (geb. Avraham) stammen aus einem Interview in Ramat Hasharon am 21. November 2019 sowie aus Rutis Tagebucheinträgen, Postkarten und Fotos. Einige ihrer Aufzeichnungen aus dem Krieg erschienen zuerst in *Jedi'ot Acharonot* in einem Artikel von Eti Abramov: „Hier ist alles gut. Ich vermisse diejenigen, die getötet wurden", 11. September 2013 (hebräisch).

S. 16 ff.: Biografische Details über Doron Lieberman, der bei dem Angriff auf die Radarstation 528 (Mt. Safra) am 6. Oktober 1973 getötet wurde, stammen aus einem Gedenkbuch, das von seiner Familie nach dem Krieg veröffentlicht wurde. Weitere Einzelheiten stammen aus meinen Interviews mit Ruti Porper, Pnina Biran und Orly Barkan.

S. 17 ff.: Ich habe Pnina Biran (Lisser) und Orly Barkan (Sheffer) am 9. Januar 2020 gemeinsam in Herzliya interviewt.

S. 18: „Ich werde meinen Korb mit Erinnerungen an den See Genezareth füllen …" – Aus dem hebräischen Gedicht „Shai" (Geschenk), von Rachel Bluwstein, veröffentlicht 1930.

S. 21: „Um 13.51 Uhr, irgendwo unter einem Hügel in Sinai …" – Aus der Militärgeschichte *For Heaven's Sake: Squadron 201 in the Yom Kippur War*, von Aviram Barkai, Kinneret, Zmora-Bitan, Dvir, 2013 (hebräisch), S. 153.

S. 22: „Die wichtigste Waffe im Sektor", und die Erinnerung der Piloten, „Tora! Tora! Tora!" angesehen zu haben, stammen aus: Barkai, *For Heaven's Sake*, S. 99.

S. 22 ff.: Weitere Einzelheiten über den Angriff auf die Radarstation 528 stammen aus einer Sendung von *Kanal 1* aus dem Jahr 2010 (hebräisch, berichtet von Yariv Mozer) zum 37. Jahrestag des Krieges, siehe: https://www.youtube.com/watch?v=GKzgAos-MoI, abgerufen am 4. Juli 2023.

KAPITEL 2: DIE HIMMELSPFORTE

S. 25: „Ein großer Teil meines Lebens war Flucht. Egal, von wo …" – Aus dem Dokumentarfilm „Leonard and Marianne: Words of Love", Regie: Nick Broomfield, 2019.

S. 25: „Ich war nie zuvor an einem sonnigen Ort …" – Cohen im Gespräch mit Paul Williams von *Crawdaddy!*, März 1975. In: *Leonard Cohen on Leonard Cohen*.

S. 27: „Wir können nicht zum Himmel blicken ..." – Cohen spricht auf einem Symposium der jüdischen Gemeinde von Montreal im Jahr 1964, siehe: https://www.youtube.com/watch?v=cFMm_x1qlPY, abgerufen am 4. Juli 2023.

S. 28: „Ich lebe hier mit einer Frau und einem Kind ..." – Aus Cohens Lied „There is a War", 1974.

S. 28: „Einst, vor langer Zeit, wurden meine Lieder nicht verkauft ..." – Cohen im Gespräch mit Alastair Pirrie vom *New Musical Express* (GB), 10. März 1973. In: *Leonard Cohen on Leonard Cohen*, S. 42.

S. 28: „Es ist vorbei ..." – Von Cohens Interview mit Hollingworth von *Melody Maker*. In: *Leonard Cohen on Leonard Cohen*.

KAPITEL 3: ÄGYPTENS KUGEL

S. 29: Das Cohen-Manuskript befindet sich im Archiv von McClelland & Stewart an der McMaster University in Hamilton, Ontario. Ich danke dem Bibliothekar Chris Long für seine Hilfe beim Auffinden des Dokuments, das unter dem Namen „Unidentified – possibly early draft of My Life in Art" abgelegt ist. Ich erfuhr von der Existenz des Manuskripts aus den Fußnoten von Ira Nadels Cohen-Biografie *Various Positions: A Life of Leonard Cohen*, 1996. Ich habe 2019 mit Ira Nadel korrespondiert und bin ihm für seine Hilfe dankbar.

KAPITEL 4: NACH WESSEN PLAN?

S. 35: „In Florida beispielsweise vernahm ein jüdischer Augenarzt ... Ein anderer amerikanischer Art aus Pittsburgh ... Ein Chirurg aus Kapstadt, Südafrika ..." – Aus dem 1974 erschienenen Buch *October Earthquake: Yom Kippur 1973*, von Zeev Schiff, aus dem Hebräischen übersetzt von Louis Williams.

S. 36: „Damals, als wir noch keine politische Haltung zu Israel hatten ..." – Aus einem Telefoninterview mit Aviva Layton in Los Angeles, 18. März 2020.

S. 36: „Ich hatte mein ganzes Leben lang Bücher und Drehbücher geschrieben ...“ – Aus *Here I Am*, von Jonathan Safran Foer, 2016.

S. 37: „Soldaten in enger Formation ...“ – Aus Cohens Gedicht „Lines from My Grandfather's Journal“, in: *The Spice-Box of Earth*, 1961.

S. 37: „Und wenn du mich jetzt Bruder nennst, / vergib mir, wenn ich nachfrage ...“ – Aus Cohens Lied „Story of Isaac“, 1969.

S. 38: „Ich muss keinen Song mit dem Titel ‚Give Peace a Chance‘ haben ...“ – Cohen im Gespräch mit Alastair Pirrie vom *New Musical Express*, März 1973. In: *Leonard Cohen on Leonard Cohen*, S. 43.

S. 38: „Viele Leute denken, ich hätte meine Religion gewechselt ...“ – Cohen im Gespräch mit Stina Lundberg Dabrowski von SVT. In: *Leonard Cohen on Leonard Cohen*, S. 414.

S. 38: „Nur Nationalismus bringt Kunst hervor.“ – Zitiert in: *A Broken Hallelujah*, von Liel Leibovitz, 2014, S. 77.

S. 38: „Die Kanadier sind wie die Juden ...“ – Cohen im Gespräch mit Paul Williams von *Crawdaddy!*, März 1975. In: *Leonard Cohen on Leonard Cohen*, S. 85.

KAPITEL 5: EINE WUNDE IM JÜDISCHEN KRIEG

S. 41: Auszug aus dem Cohen-Manuskript im Archiv von McClelland & Stewart.

KAPITEL 6: MYTHISCHE HEIMAT

S. 48 f.: „Es hat keinen Sinn, jetzt einen Krieg zu beginnen ...“ und andere Zitate von den Israel-Konzerten 1972 stammen aus dem Dokumentarfilm „Bird on a Wire“, bei dem Tony Palmer Regie führte, der 1974 (kurz) veröffentlicht wurde, dann in Vergessenheit geriet und 2010 wieder veröffentlicht wurde.

S. 49: „Ich sah Marianne direkt vor mir und ich fing an zu weinen ...“ –
Aus „Leonard Cohen Makes it Darker“, von David Remnick, *The
New Yorker*, 10. Oktober 2016.

KAPITEL 7: NOCHMAL ANFANGEN

S. 53: „Plötzlich kam sein Manager auf mich zu und sagte, Leonard wolle mich treffen ...“ – Die Anekdote und das Zitat von Rachel Teri
stammen aus „Like a Bird on a Wire“ von Rona Kuperboim, *Jedi'ot
Acharonot*, 28. Mai 2009. Rachel, die jetzt in Los Angeles lebt, reagierte nicht auf Versuche, sie für dieses Buch zu kontaktieren.

S. 54 f.: Ilana Rovina war sechsundachtzig Jahre alt und kränklich, als
sie am 2. September 2020 telefonisch kontaktiert wurde, und erinnerte sich nicht mehr an Einzelheiten der Jom-Kippur-Kriegstour-
nee. Sie starb im folgenden Monat an Covid-19. Die hier wiedergege-
bene Erinnerung stammt von der Website von Matti Caspi, die einen
Abschnitt über die Kriegstournee enthält.

S. 55: Die Erinnerungen von Oshik Levy stammen aus einem Interview
mit ihm in Tel Aviv am 6. Juni 2018.

S. 55: Die Erinnerungen von Mordechai (Pupik) Arnon stammen aus
einem Interview in seinem Haus in Jerusalem am 6. Juli 2018 und
aus mehreren nachfolgenden Telefongesprächen. Er starb am 3. Januar 2020.

S. 55 f.: Die Anekdote über das Lied „Die letzte Schlacht“ stammt von
dem israelischen Musikexperten Ofer Gavish, basierend auf den Re-
cherchen der Musikwissenschaftlerin Nahumi Har-Zion.

KAPITEL 8: WER DURCH WASSER

S. 59: Ofer Gavish, heute Musikhistoriker und Reiseleiter, war Phantom-Pilot im Geschwader 69 in Ramat David. Er stammt ursprünglich aus dem Kibbuz Yiftach. Interviewt habe ich ihn am 16. Dezember 2019 und 2. Januar 2020 in Tel Aviv.

S. 60: Die SAMs waren wie „fliegende Telefonmasten ...“ – Aus „The Truest Sport: Jousting With Sam and Charlie“ von Tom Wolfe, der den Luftkrieg über Vietnam Ende 1967 beschreibt, *Esquire*, 1. Oktober 1975.

S. 60 f.: Der Navigator mit der Kippa ist Kapitän Ze'ev Yogev Finger, der am 9. Oktober 1973 starb. Er wurde fünfundzwanzig Jahre alt.

S. 61: Der Pilot Henkin ist Oberstleutnant Ehud Henkin, der am 7. Oktober 1973 starb. Er wurde einunddreißig Jahre alt. Sein Co-Pilot war Hauptmann Shaul Levi, fünfundzwanzig Jahre alt.

S. 62: Zorik ist Brigadegeneral Arlozor (Zorik) Lev, der am 9. Oktober 1973 im Alter von vierzig Jahren starb.

S. 62: Momo ist Shlomo Liran, ursprünglich Shlomo Zaltzman, ein Skyhawk-Pilot im Geschwader 110 im Jahr 1973, später ein prominenter israelischer CEO.

S. 62: „... dreimal am Tag ein Stück Metall zum Glühen bringen und abkühlen.“ – Generalmajor a. D. Giora Rom im Gespräch mit dem israelischen Fernsehen. [Ursprünglich auf YouTube archiviert, war das Video zum Zeitpunkt dieser Übersetzung leider nicht mehr verfügbar. M. G.]

S. 63: Der leitende Pilot Vilan ist Avraham Vilan, damals stellvertretender Kommandeur des Geschwaders 110 in Ramat David.

KAPITEL 9: EIN SCHUTZSCHILD GEGEN DEN FEIND

S. 65: Shoshi ist Moshe „Shoshi“ Rothschild, ein Mystère-Pilot im Geschwader 105 in Hatzor. Er stammt ursprünglich aus dem Kibbuz Gvar'am. Interviewt am 8. Januar 2020.

S. 66 f.: Pupik spielt einen höheren Offizier, der einen verwirrten neuen Rekruten überrascht: Diese Skizze ist auf der Wiederveröffentlichung von Pupiks Album „Kol Echad“ von 2004 enthalten, Phonokol, Tel Aviv.

S. 67: „Damals, am ersten Tag der Kriegstournee, schrieb Cohen ein Lied ..." – Sowohl Oshik als auch Matti Caspi erinnern sich, dass er „Lover Lover Lover" zwischen den beiden Konzerten in Hatzor schrieb. Die Tatsache, dass das Lied während des Krieges in einem Artikel in *Jedi'ot Acharonot* – „Macias hurried from the Lod airport to Tel Hashomer", von Emmanuel Bar-Kedma, 22. Oktober 1973 – aufgezeichnet wurde, verleiht dieser Version der Ereignisse zusätzliche Glaubwürdigkeit. „Bei seinem ersten Konzert auf einem Luftwaffenstützpunkt wurde der Sänger von großen Emotionen heimgesucht, wegen all dem, was er gesehen und gehört hatte, und in der Pause zwischen zwei Konzerten, um Mitternacht, goss er alle seine Gefühle und Erlebnisse in ein neues Lied, das er schrieb, vertonte und an Ort und Stelle aufführte." Das Lied war „Lover Lover Lover". Der Artikel enthält auch eine hebräische Übersetzung der fehlenden Strophe, die unter dem Titel „Luftwaffenstützpunkt" in Kapitel 10 erscheint. Aus dem Artikel geht klar hervor, dass Cohen diese Strophe als Teil des Liedes vortrug. Das genaue Datum des Hatzor-Konzerts ist unklar, aber es scheint gegen Ende der ersten oder zu Beginn der zweiten Kriegswoche stattgefunden zu haben.

S. 67: Das Notizbuch, das Cohen während des Krieges bei sich hatte (Katalognummer 37-16), wird in seinem Nachlass in Los Angeles aufbewahrt.

S. 69: „Diesen Schutzschild zu beschwören ist das, was ein Cohen tut." – Für diese Einsicht bin ich meinem Freund, frühen Leser und Cohen-Liebhaber Jonah Mandel dankbar.

S. 70: „Forscher, die die Musik der GIs in Vietnam untersuchten ..." *We Gotta Get Out of This Place: The Soundtrack of the Vietnam War*, von Craig Hansen Werner und Doug Bradley, 2015.

S. 71: Amos ist Amos Bar-Ilan, ein Skyhawk-Pilot im Geschwader 110 in Ramat David. Er stammt ursprünglich aus dem Kibbuz Ginnosar. Interview vom 8. Januar 2020.

S. 71: Das Konzert in Ramat David fand am Abend des 26. Oktober statt, wie aus dem inoffiziellen „Squadron Book" der 110. Squadron hervorgeht (das der unerschrockene Ofer Gavish für mich ausfindig machte). Das Geschwader flog an diesem Nachmittag um 14 Uhr seinen letzten Einsatz des Krieges.

KAPITEL 10: BRÜDER

S. 73 „... sie erschien während des Krieges in dem Artikel eines israelischen Reporters ...“, Bar-Kedma, *Jedi'ot Acharonot*, 22. Oktober 1973.

S. 74: „... der heißeste Feuerplatz des heutigen Geistes ...“ – Cohen im Gespräch mit Paul Williams von *Crawdaddy!*, März 1975. In: *Leonard Cohen on Leonard Cohen*, S. 81.

S. 74: Biografische Informationen über die beiden Gefreiten namens Eliezer Cohen, die in den Jahren vor dem Krieg von 1973 gefallen sind, stammen von der Gedenkseite des israelischen Verteidigungsministeriums, siehe: www.yizkor.gov.il.

S. 75: Einzelheiten über Johnny Cashs Zeit in Vietnam stammen aus *Cash: The Autobiography*, von Johnny Cash mit Patrick Carr, 1997.

S. 75: Das erste Zitat von James Brown – „wo die Eidechsen Waffen trugen“ – stammt aus: „James Brown, the Sultan of Sweat and Soul“, *Washington Post*, 7. Dezember 2003. Sein zweites Zitat – „Seelenverwandte“ – stammt aus *Jet*, 6. Juni 1968. Beide Zitate erscheinen zusammen mit weiteren Details über Browns Reise nach Vietnam in *The One: The Life and Music of James Brown*, von R. J. Smith, 2012.

KAPITEL 11: IN DER WÜSTE

S. 79: „Ein Pilot, der einen Hercules-Transporter steuerte ...“ – Uri Dromi, später ein prominenter Journalist, interviewt am 1. Januar 2020.

KAPITEL 12: TEE UND ORANGEN

S. 83: „Ich lege einen arroganten israelischen Offizier um ...“ – Dieses Zitat von Cohen erscheint in Nadels *Various Positions*. In dem Manuskript, das ich gefunden habe, taucht es nicht auf, was darauf hindeutet, dass Nadel eine andere Version verwendet hat.

S. 83 f.: Die Erinnerungen von Gidi Koren stammen aus einem Interview in Tel Aviv am 26. Januar 2020.

KAPITEL 13: KEINE WORTE

S. 87 ff.: Pupiks Erinnerungen stammen aus meinen Interviews mit ihm im Jahr 2019.

S. 91: „Es gibt Leute, die lachend singen ..." – Cohen im Gespräch mit Jordi Sierra i Fabra im Oktober 1974. Das Interview erschien 1978 in einem spanischen Buch mit dem Titel *Leonard Cohen*. Aus: *Leonard Cohen on Leonard Cohen*, S. 79.

KAPITEL 14: SCHON NASS

S. 93 ff.: Die Anekdoten der Sänger Avner Gadasi und Yardena Arazi stammen aus dem Artikel „40 Jahre nach Jom Kippur kehren Künstler zu den Shows an der Front zurück", von Nadav Menuhin, *Walla*, 13. September 2013.

S. 94: „... durch ein Schrapnell fast das Bein abgetrennt ..." – Das war Amotz Brontman von der Nahal Brigade Entertainment Troupe.

S. 95 f.: „Wo darfst du aufstehen und sprechen?" – Aus „Leonard Cohen Makes it Darker", *The New Yorker*, 10. Oktober 2016.

S. 96: „Ein Pessimist ist jemand, der auf den Regen wartet ..." – Cohen im Gespräch mit Michel Field von *France 2 TV*, Dezember 1992. In: *Leonard Cohen on Leonard Cohen*, S. 313.

S. 96 „Es gibt eine Tradition, die besagt, dass wir nicht bei der Traurigkeit verweilen sollten, wenn die Dinge schlecht stehen ..." – Leonard Cohen, zitiert in *Melody Maker*, 29. Juni 1974. Aus: „The Ultimate Music Guide: Leonard Cohen", veröffentlicht von *Time*, Inc. (GB), 2016.

S. 96: „Wenn die Leute denken, dass ein Lied einen Sinn ergeben muss ...“ – Joan Baez in dem 2009 erschienenen Dokumentarfilm „Leonard Cohen: Live at the Isle of Wight 1970“, Regie: Murray Lerner.

S. 97: „Der Junge sagte: ‚Okay, okay, großer Dichter ...‘“ Aus: *I'm Your Man: Das Leben von Leonard Cohen*, von Sylvie Simmons, 2012.

S. 98: „In gewissem Sinne hat jemand, der einwilligt, in eine psychiatrische Klinik zu gehen ...“ – Cohen im Gespräch mit Steve Turner vom *New Musical Express*, 29. Juni 1974. In: *Leonard Cohen on Leonard Cohen*, S. 55.

S. 98: „Ich hatte anfangs Angst, dass meine ruhigen und melancholischen Lieder nicht die Art Lieder sind, die Soldaten an der Front ermutigen würden ...“ – Aus einem Artikel von Bar-Kedma in *Jedi'ot Acharonot*, 22. Oktober 1973.

S. 98: „Ein weiterer berühmter Künstler ist der Sänger Leonard Cohen ...“ – Aus einem Radiobericht der *Israel Radio International* während des Krieges, der vom Staatsarchiv aufbewahrt und auf YouTube hochgeladen wurde, siehe: https://www.youtube.com/watch?v=QxAVJg6mQng, abgerufen am 4. Juli 2023. Der Reporter ist Yossi Soker. Der Abschnitt von Cohens Zitat, der mit „Natürlich habe ich Eindrücke“ beginnt und mit „Material sammeln“ endet, erscheint im hebräischen Voiceover; die Übersetzung ins Englische stammt von mir.

KAPITEL 15: PSYCHOLOGIE

S. 101 ff.: Aus einem Interview mit dem Psychologen Joel Livne in Netanja, 3. November 2019.

KAPITEL 16: AUFSCHUB

S. 105: „Dakota brachte uns zurück nach Lod ...“ – Aus Cohens Manuskript im Archiv von McClelland & Stewart.

KAPITEL 17: DIE GESCHICHTE VON ISAAK

S. 107 ff.: Isaak ist der Fotograf Isaak Shokal, interviewt im Kibbuz Evron am 21. Februar 2020. Seine Fotos erscheinen hier mit seiner Erlaubnis.

S. 107: Almond Reconaissance (hier „Shaked"-Aufklärungseinheit) ist meine englische Übersetzung von Sayeret Shaked, einer dem Südkommando unterstellten Aufklärungseinheit. Auf Hebräisch ist das Wort „shaked", Mandel, ein Akronym für shomrei kav darom, oder „Wächter der südlichen Linie".

S. 108: Patzi ist Amatzia Chen, interviewt im Moshav Karmei Yosef, 20. Februar 2020.

KAPITEL 18: YUKON

S. 111: Shlomi ist Shlomi Gruner, interviewt in Tel Aviv am 11. Februar 2020.

S. 113: Eitan, der Offizier, der von der Ben-Gurion-Universität in den Krieg eilte, ist Leutnant Eitan Nir, der am 14. Oktober 1973 starb. Er wurde dreiundzwanzig Jahre alt.

S. 113: Der verwundete Offizier Katz ist Yaakov (Ketzeleh) Katz, später eine wichtige Figur der Siedlerbewegung und Mitglied der Knesset.

S. 113: Saul, den Patzis Soldaten mit seinem gepanzerten Mannschaftswagen abholten, ist Leutnant Shaul Afrik, der am 14. Oktober 1973 starb. Er wurde zwanzig Jahre alt.

S. 114: Die Geschichte der 600. Brigade ist aus: *The Hours, A War Journal: Die 600. Brigade im Jom-Kippur-Krieg*, von Menachem Ben Shalom (hebräisch, 2019). Ben Shalom war der Aufklärungsoffizier der Brigade. Ich bin ihm für seine Hilfe dankbar.

השעות, יומן מלחמה: חטיבה 600 במלחמת יום הכיפורים, מאת מנחם בן שלום

S. 114: „Wir entdeckten die Kommandotruppen ..." – Der Soldat, der hier spricht, ist Nissim Shalom (aus *The Hours*).

S. 114: „Ein Ladeschütze namens Andrei ..." – Das ist der Panzerfahrer Andrei Friedman (aus *The Hours*).

S. 115: Ofer, der den Ägypter mit der Panzerfaust gesehen hat, ist der Panzerfahrer Ofer Idan (aus *The Hours*).

KAPITEL 19: AFRIKA

S. 119: Der Offizier Joshua, der während der Überfahrt starb (am 15. Oktober 1973), ist Hauptmann Yishayahu-Yehuda (Joshua) Katz. Er wurde vierundzwanzig Jahre alt.

S. 119: „Ein Geistlicher erschien am Straßenrand und verteilte Exemplare der Psalmen ..." – Aus Abraham Rabinovitchs *The Yom Kippur War: The Epic Encounter that Transformed the Middle East*, 2004, S. 364.

S. 122: „Überall auf dem Schlachtfeld verloren Väter ihre Söhne und Söhne ihre Väter" – Aus: *Warrior: An Autobiography*, von Ariel Sharon mit David Chanoff (1989).

S. 125: Das genaue Datum des Konzerts von Yaffa Yarkoni auf der anderen Seite des Kanals ist nicht bekannt. Aber Patzi – der ein untrügliches Gedächtnis für Daten und Orte zu haben schien – datierte es auf den 18. oder 19. Oktober.

S. 127: Ein rätselhaftes Detail über den ägyptischen Sukhoi-Piloten auf dem Foto ist, dass er keinen Fluganzug trägt. Laut Isaak haben einige im Laufe der Jahre die Vermutung geäußert, dass es sich bei dem Gefangenen in Wirklichkeit um einen ägyptischen Artillerie- oder Luftwaffenbeobachter handelt, der etwa zur gleichen Zeit gefangen genommen wurde. Isaak und Shlomi Gruner sind jedoch der Meinung, dass es sich um den Piloten handelt, der in der Fotoserie zu sehen ist, die Isaak aufgenommen hat und die mit dem singenden Yarkoni beginnt und mit dem zerstörten Flugzeug endet.

KAPITEL 20: BLUT AN DEINEN HÄNDEN

S. 130: „Ich habe nicht wirklich den Wunsch, jemandem das Hirn wegzupusten ..." – Leonard Cohen im Gespräch mit Biba Kopf vom *NME*,
2. März 1985. Aus: „The Ultimate Music Guide: Leonard Cohen".

S. 131: Cohen behauptete, „Lover Lover Lover" für „die Ägypter und die
Israelis" geschrieben zu haben, in dieser Reihenfolge, bei einem Auf-
tritt 1976 in Frankreich: https://www.youtube.com/watch?v=Aok5vps
Wb4g, abgerufen am 4. Juli 2023.

S. 134: Das berühmte Foto von Yakovi Doron erscheint hier mit seiner
Erlaubnis. Ich habe ihn am 20. Februar 2020 im Kibbuz Yifat interviewt.

S. 134: Eli Kraus' Erinnerungen an die Szene stammen aus einem Telefoninterview mit ihm am 3. Januar 2021, als die Covid-19-Pandemie
ein persönliches Treffen erschwerte. Er lebt im Kibbuz Sa'ad. Ich
bin Shaul Ginsberg, dem Freund von Kraus und Onkel meiner Frau,
dankbar, dass er Kraus auf dem Foto identifiziert hat. Der Friedhof,
den er erwähnte, lag in der Nähe des Kibbuz Be'eri.

S. 136: „Ich werde einem großen General vorgestellt, dem ‚Löwen der
Wüste' ..." – Dieses Zitat, das in der mir vorliegenden Fassung von
Cohens Manuskript nicht vorkommt, findet sich in Ira Nadels *Vari-
ous Positions*.

KAPITEL 21: RADARSTATION 528, SHARM EL-SHEIKH

S. 139 ff.: Aus meinen Interviews mit Ruti Porper, Pnina Biran und Orly
Barkan, sowie aus den Postkarten und Tagebüchern von Ruti Porper.

S. 140: „Ich habe nicht viel zu schreiben ..." – Postkarte von Ruti Porper
an ihre Eltern, 10. Oktober 1973.

S. 140: „... dass direkt neben meinem Büro das riesige Heck einer MiG-17
liegt." – Postkarte von Ruti Porper an ihre Eltern, 20. Oktober 1973.

KAPITEL 22: BATHSEBA

S. 143: Der Marineoffizier Motti ist Motti Kaganowitsch aus dem Kibbuz Afikim, der am 14. Februar 2020 interviewt wurde.

S. 143: Der Marineoffizier Herzl ist Gefreiter Herzl Elmalem, getötet am 7. Oktober 1973. Er wurde achtzehn Jahre alt.

S. 144: Der Marineoffizier Roni ist Roni Mor aus Nahariya, der am 15. Dezember 2019 interviewt wurde. Ich bin Chuck Feingold dankbar, dass er mir das Foto von Mor mit Cohen an Bord der Bathseba geschickt hat, das mich zu den Geschichten des Marinepersonals in Sharm el-Sheikh führte.

S. 144: Der Marineoffizier Yoram ist Yoram Dvir. Seine Verlobte ist Yoki Dvir. Das Interview wurde am 19. März 2020 geführt. Fotos von ihrer Hochzeit erscheinen hier mit ihrer Erlaubnis.

KAPITEL 23: LET IT BE

S. 149: Das Lied, das allgemein als „Send Underpants and Undershirts" bekannt ist, heißt offiziell „You Have No Reason to Worry", Text von Thelma Eligon-Rose, Melodie von Kobi Oshrat, aufgenommen 1974.

S. 149: „.... das Akkordeon getötet habe" – Für diese Erkenntnis bin ich dem Journalisten und Wissenschaftler Yossi Klein Halevi dankbar.

S. 150: „Er sagte: ‚Ich werde nicht zulassen, dass du dieses Lied durch eine ausländische Melodie verschandelst – dies ist ein jüdischer Krieg, also gib ihm eine jüdische Melodie'" – Naomi Shemer zitiert ihren Mann, Mordechai Horowitz, in „The Story behind Lu Yehi", *Ynet*, 26. Juni 2004.

S. 150: Das Ereignis im Kibbuz Giv'at Haim wird von dem Historiker Motti Zeira in seiner hebräischen Biografie über Shemer, *The Honey and the Sting*, aus dem Jahr 2017 beschrieben. Das Zitat von Shemers Sohn, Ariel Horowitz, („Dieses Lied gab den Menschen die Chance ...") stammt aus „The song that became a prayer", von Nadav Shragai, *Israel HaYom*, 28. September 2017 (hebräisch).

S. 150 f.: Die Anekdote über Dado, der „Lu Yehi" hörte, stammt von seinem Biografen Hanoch Bartov, zitiert in Rabinovitch, *The Yom Kippur War.*

S. 150: „Während des Krieges schickte Cohen seiner Schwester eine Postkarte, die auf der einen Seite das zerklüftete Gesicht Dados zeigte ..." – Im Archiv des Leonard-Cohen-Nachlasses, Los Angeles.

S. 151: „Ich nahm meine Gitarre mit nach Afrika ..." – Meir Ariel in einem Interview mit Smadar Shir im Jahr 1979, zitiert in *A Biography of Meir Ariel*, ארול אחד von Nissim Calderon mit Oded Zehavi, 2016 (hebräisch). Ich bin Nissim dankbar für seine Hilfe in einer E-Mail-Korrespondenz und einem Gespräch im August 2020.

S. 151: „Frontalfotos ... ‚High Explosive Cocktail' ..." – Aus einem Monolog von Meir Ariel vor einer Aufführung von „Our forces in Sinai had a quiet night" (hebräisch, 1996), siehe: https://www.youtube.com/watch?v=Zx_TsjQG3Fk, abgerufen am 4. Juli 2023.

S. 151: „Man sah Ariel, wie er sein Gewehr über den Boden schleifte ..." – Aus Calderon, *A Biography of Meir Ariel.*

S. 152: Die Erinnerungen von Jacob El Hanani stammen aus einem Interview in seinem Studio in New York am 12. November 2019.

S. 152: Der Soldat Yehuda ist der Gefreite Yehuda Komemi, der am 12. Dezember 1973 starb. Er wurde achtzehn Jahre alt.

S. 154: „Sobald die Politiker im Spiel sind, bin ich raus." – Aus einem Artikel von Rona Kuperboim aus dem Jahr 2009 in *Jedi'ot Acharonot.*

S. 154: „Ich erinnere mich an ein surrealistisches Bild ..." – Von der offiziellen Website von Matti Caspi.

KAPITEL 24: KRIEG IST EIN TRAUM

S. 157: Meir Micha ist der Besitzer des legendären Jerusalemer Hummus-Ladens Pinati. Ich habe ihn am 27. November 2019 interviewt. Ich bin Gideon Zelermyer, Kantor von Sha'ar Hashomayim in Montreal, für den Hinweis dankbar, dass Meir Cohen 1973 gesehen hat.

S. 158: „Leonard sprach über seine privatesten Erlebnisse, aber nie über seine öffentlichen ..." – Ich interviewte Leon Wieseltier am 19. und 22. März 2020.

S. 159: Cohens Interview mit Robin Pike von der britischen Musikzeitschrift *Zig-Zag* wurde am 15. September 1974 veröffentlicht. Nachgedruckt in *Leonard Cohen on Leonard Cohen*, S. 62.

S. 160: Cohens Interview mit Jordi Sierra i Fabra im Oktober 1974 wurde in *Leonard Cohen on Leonard Cohen* (S. 79) abgedruckt.

S. 162: „Sie schienen sich zur Gewalt hingezogen zu fühlen ..." – Ich bin Leonard Cohens Biografin Sylvie Simmons dankbar, dass sie mir die Abschrift des Gesprächs zwischen den beiden geschickt und mir erlaubt hat, sie zu veröffentlichen.

KAPITEL 25: WER DURCH FEUER

S. 165: Das Notizbuch, in dem der Text von „Who by Fire" geschrieben steht, wird im Archiv des Leonard Cohen-Nachlasses in Los Angeles aufbewahrt (Katalognummer 7-45).

S. 167 ff.: Der Bericht darüber, wie „Unetaneh Tokef" im Kibbuz Beit HaShita geschrieben wurde, basiert auf einem Artikel, den ich am 25. September 2012 für die Times of Israel schrieb („A Yom Kippur melody spun from grief, atonement, and memory").

S. 167: „... eine schwarze Wolke ..." – Aus meinem Interview mit Hanan Albalak aus dem Jahr 2012, dem Kibbuznik, der das Lied zum ersten Mal sang. Albalak ist im Juli 2019 gestorben.

S. 167: „Ein paar Tage nach Kriegsende begannen innerhalb der Einheit Gerüchte zu kursieren ...“ – Amichai Yarchi spricht kurz nach dem Krieg in Aufnahmen, die in „Unetaneh Tokef“, einer Channel 1-Dokumentation (hebräisch) von 1991 über Jom Kippur im Kibbuz Beit HaShita, verwendet wurden.

S. 168 f.: „... etwas Persönliches, etwas von sich selbst ... Yair las es und wusste, dass es das war, wonach er suchte ...“ – Kibbuznik Michal Shalev in einer Broschüre, die der Kibbuz 1998, zwei Jahre nach dem Tod des Komponisten, herausgab.

KAPITEL 26: EIN SEGEN

S. 172 ff.: Einzelheiten über Roberty Korys Treffen mit Cohen im Haus des Dichters in Hancock Park und über die Machenschaften hinter den Kulissen des letzten Konzerts in Tel Aviv stammen aus Gesprächen mit Robert, Cohens Freund, Manager und Nachlassverwalter. Ich bin Robert dankbar für die vielen Stunden, die er damit verbracht hat, mir zu helfen, die Geschichte zu sortieren.

S. 173: „Als man mir sagte, ich sei ein Cohen, habe ich es geglaubt ...“ – Leonard Cohen im Jahr 1994 in einem Gespräch mit Arthur Kurzweil von der *Jewish Review of Books*, zitiert in Simmons, *I'm Your Man*.

BILDNACHWEIS

Kapitel 1: Soldaten auf dem Luftwaffenstützpunkt Sharm el-Sheikh: mit freundlicher Genehmigung von Ruti Porper.

Kapitel 9: Foto der Luftwaffenbesatzung, die Cohen auf dem Luftwaffenstützpunkt Ramat David beobachtet: vom Luftfototeam in Ramat David, mit freundlicher Genehmigung von Ofer Gavish.

Kapitel 14: Fotos von Darstellern an der Front: aus der israelischen Armeezeitschrift *Bamahaneh*, mit freundlicher Genehmigung des IDF-Archivs, Tel Hashomer.

Kapitel 17: Foto von Michael Shokal auf seinem Fahrrad: mit freundlicher Genehmigung von Isaak Shokal.

Kapitel 19: Alle Fotos mit freundlicher Genehmigung von Isaak Shokal.

Kapitel 20: Die ersten drei Fotos des Konzerts wurden mit freundlicher Genehmigung von Isaak Shokal veröffentlicht. Das vierte Foto stammt von Yaakovi Doron, und das fünfte Foto stammt aus dem IDF-Archiv (Fotograf: Ron Ilan).

Kapitel 22: Foto von Cohen und Leutnant Roni Mor: mit freundlicher Genehmigung von Roni Mor (Foto von Yonah Sneh). Hochzeitsfotos: mit freundlicher Genehmigung von Yoki und Yoram Dvir.

DANKSAGUNG

Dieses Projekt wäre nicht möglich gewesen ohne die freundliche Zusammenarbeit mit dem Leonard Cohen Family Trust und ohne die Großzügigkeit Robert Korys, dem Freund des Dichters, seinem letzten Manager und Verwalter seines Nachlasses, dessen Einblicke in Cohens Persönlichkeit und Kunst von unschätzbarem Wert für mich waren.

Ich bin allen dankbar, die ihre Erinnerungen mit mir geteilt haben – Soldaten, Musiker und Freunde von Cohen, die alle im Text und in den Quellenangaben erwähnt werden.

Mein besonderer Dank gilt denjenigen, wie Ofer Gavish und Shlomi Gruner, die mir großzügig ihre persönlichen Kontakte zur Verfügung gestellt haben; Ofer und Menachem Ben Shalom für das Lesen des Manuskripts; Isaak Shokal für die wunderbaren Fotos; und Rabbi Mordechai (Pupik) Arnon, der das Endprodukt nicht mehr lesen konnte.

Ich bin meinem kanadischen Redakteur Doug Pepper dankbar, der diese Idee vom ersten Moment an verstand und sie in die Tat umsetzte; Jared Bland von McClelland & Stewart dafür, dass er es – einhundert Etagen über mir – in die Welt des Verlegers von Cohens eigenen Werken gebracht hat.

Ich danke meiner amerikanischen Lektorin, Cindy Spiegel, die so sehr an das Buch geglaubt hat, und dem hervorragenden Team von Spiegel & Grau; und wie immer danke ich meiner Agentin Deborah Harris, dafür, dass sie mir in ein weiteres *rabbit hole* gefolgt ist und geholfen hat, am anderen Ende wieder herauszukommen.

Dank an den talentierten Rechercheur Dan Magen, der einige der entscheidenden Kontakte herstellte, die die Geschichte zu dem gemacht hat, was sie ist. Dank an Peter Norman für das adleräugige Lektorat, an Leslie Camhi für die Einführung zu Jacob El Hanani, und an diejenigen, die das Manuskript während seiner Entstehung gelesen haben: Nicole Krauss, Mitch und Tali Ginsburg, George Eltman, Jessica Kasmer-Jacobs, Benjamin Balint, Jonah Mandel, David Bezmozgis, Rabbi David Wolpe, Danielle Berrin, Yossi Klein Halevi, Jill Offman, und Bash Doran.

Ich habe sehr von der Arbeit anderer Cohen-Forscher profitiert, aber mein besonderer Dank gilt Jeff Burger, dem Herausgeber von „Leonard Cohen on Leonard Cohen", einer unverzichtbaren Zusammenstellung von Interviews, die ich eines Tages in *The Strand* in New York entdecken konnte, und die schließlich mein Verständnis davon prägte, wer Cohen war und wie er sich im Laufe der Jahre veränderte.

Mein Dank gilt meinen Eltern und ersten Lesern, Imogene und Raphael Friedman; meiner Schwester Sarah; meiner Frau Naama; und Aviv, Michael, Tamar und Asaf, die sich nicht für Leonard Cohen interessieren, es aber eines Tages tun werden.

ÜBER DEN AUTOR

Matti Friedman
ist ein mehrfach preisgekrönter Journalist und Autor, dessen Texte u. a.
in der *New York Times*, *The Atlantic*, *Tablet* und *Smithsonian* veröffentlicht wurden. „Spione ohne Land – Geheime Existenzen bei der Gründung Israels" wurde mit dem *Natan Prize 2019* und dem *Canadian Jewish
Book Award* ausgezeichnet. „Pumpkinflowers – Bericht eines Soldaten
über einen vergessenen Krieg" stand 2016 auf der Jahresliste der „100
Notable Books" der New York Times und wurde auf Amazon zu einem
der zehn besten Bücher des Jahres gekürt. Sein erstes Buch „Der Aleppo-
Codex" erhielt 2014 den *Sami-Rohr-Preis* und die *Sophie-Brody-Medaille*.
Matti Friedmann wurde in Toronto geboren und lebt in Jerusalem.

Ebenfalls bei Hentrich & Hentrich erschienen:

Matti Friedman
Spione ohne Land
Geheime Existenzen bei der Gründung Israels
Aus dem Englischen übersetzt von Tim Schneider
314 Seiten, 32 Abb., Broschur, 13,5 x 20,5 cm
€ 24,90, ISBN 978-3-95565-577-8